Das geheime Buch der

Heinzelmännchen

Stalling

Text von
Wil Huygen

Bebildert und gestaltet von
Rien Poortvliet

Das geheime Buch der

Heinzelmännchen

Neues vom Zwergenvolk und ihre Botschaft an die Menschen

Stalling

Nach fünf Jahren haben wir uns wieder in die Welt der Heinzelmännchen begeben, diesmal nicht aus eigenem Antrieb, sondern weil sie selbst uns riefen. Anscheinend waren wir bei der Arbeit an unserem GROSSEN BUCH DER HEINZELMÄNNCHEN zu lässig mit den zahlreichen Fakten umgesprungen, obwohl die Heinzelmännchen den Inhalt doch überprüft hatten und den Druck des Werkes, das dann im Stalling-Verlag erschienen ist, ja selbst genehmigten.

Aber wie dem auch sei, sie wünschten uns weit außerhalb unserer Landesgrenzen zu begegnen, um uns noch einmal genau auf den Zahn zu fühlen. Während dieser Begegnungen – es waren nämlich mehrere – ist uns erst richtig klargeworden, was die Heinzelmännchen uns Menschen alles voraushaben. Sie kommen aus einer älteren und vollkommeneren Welt als es unsere eigene ist, und sie lauschen Stimmen, die wir nie gehört haben und auch niemals vernehmen werden. Ihre Naturbeobachtungen sind den unseren in erdrückender Weise überlegen, und sie haben sich eine Dimension bewahrt, die für uns unerreichbar ist und höchstens noch

aus uralten geheimnisvollen Märchen zu uns spricht.
Von dem Schleier, der all das, was sie uns voraus haben, verhüllt, wollten die Heinzelmännchen ursprünglich nur ein Zipfelchen lüften, um uns auf ihre eigene, gewaltlose Weise eine Lektion zu erteilen.
Doch dann hat sich einiges doch anders entwickelt, und man beauftragte uns am Ende mit einer außerordentlich wichtigen Botschaft an die Menschheit.
Auf Anregung von Mirko, unserem ersten Gastgeber, der uns auch einige Teile des GEHEIMBUCHES gezeigt hat, haben wir alles so genau wie möglich aufgezeichnet, obwohl das Unsichtbare längst nicht immer mit Hilfe der Feder oder des Pinsels sichtbar gemacht werden konnte.
Wir hoffen, daß das, was dann doch zu Papier gebracht wurde, Lücken im Wissen um das Wesen der Heinzelmännchen füllen möge: ein recht kühner Gedanke, den Sie wahrscheinlich mit einem Lächeln zur Kenntnis nehmen werden.

Wil Huygen Rien

STAMBLAD
123456
Serie IST/38
van Soest
naar KEMIJÄRVI
via Bentheim - Bremen - Puttgarden - Helsingborg -
Hässleholm - Stockholm - Haparanda - Rovaniemi
van Kemij...
naar SOEST
1947 Fl. 538,60
Reductie
BUP 5020 0579
Kommt!
Wir haben Wichtiges
zu besprechen.
EUROPÄISCHES NORDMEER
Nördlicher Polarkreis
Nord-see
Ost-see
NORWEGEN
SCHWEDEN
FINNLAND
Lappland
Bottn. Meerbusen
Finn. Meerbusen
DÄNEMARK
POLEN
DDR
LENINGRAD
Rovaniemi
Kemi
Haparanda
STOCKHOLM
HELSINKI
OSLO
KOPENHAGEN
HAMBURG
BERLIN
LONDON
PARIS
WARSCHAU
Barents see
Weißes Meer

Die Reise nach Lappland

Am 19. Dezember des Jahres neunzehnhundertund ... fanden wir in unserem Briefkasten die Fahrkarten für die Bahnreise nach KEMIJÄRVI über Bentheim, Bremen, Hamburg, Kopenhagen, Stockholm, Haparanda und Rovaniemi. Auf einem schneeweißen Stück Birkenrinde stand in winziger, aber eleganter Handschrift: »Kommt, wir haben Wichtiges zu besprechen!« Es mußte eine Nachricht aus der Welt der Heinzelmännchen sein, die wir nicht mißachten durften. Verwirrt griffen wir zum Atlas und stellten fest, daß Kemijärvi in Finnland liegt, nahe dem Polarkreis. Die Platzkarten waren für den Nord-West-Expreß ausgestellt, am 20. Dezember, 20.44 Uhr ab Utrecht. Wir hatten dreißig Stunden Zeit zum Packen.

In unseren Familien war alles für Weihnachten gerüstet, so daß wir schweren Herzens unsere Koffer vom Boden holten, denn es war offensichtlich, daß wir kaum rechtzeitig zum Fest zurück sein würden. Außerdem wußten wir nicht, was uns in Kemijärvi erwartete, da nähere Angaben fehlten, andererseits versetzte die Nachricht uns in prickelnde Spannung, und zweifellos würden die Heinzelmännchen uns früh genug weitere Informationen zukommen lassen. Dennoch, Lappland, oben am Polarkreis, mitten im Winter? Es gab Grund zu einiger Besorgnis. Und was erwartete uns seitens der Heinzelmännchen? Durch einen Blitzbesuch bei der uns nächstgelegenen Heinzelmännchenfamilie in Soest wurden wir nicht klüger. Die Heinzelmännchen lächelten freundlich und bedeutungsvoll, verrieten aber nichts.

Am Abend des 20. Dezember lief der Nord-West-Expreß auf der Fahrt von Hoek van Holland nach Schweden in den Bahnhof von Utrecht ein, und zwei Minuten später fuhren wir mit ihm durch die Winternacht. Es war der Anfang einer zweitägigen Reise. Wir hatten Zeichen- und Schreibutensilien sowie unsere wärmste Kleidung im Gepäck, aber ob dies alles am Polarkreis von Nutzen sein würde, erschien zweifelhaft. In unserer Naivität meinten wir, an Ort und Stelle vielleicht noch einiges Nötige einkaufen zu können. Es sollte ganz anders kommen!

Die nächtliche Landschaft glitt vorbei. Wir starrten auf die beschneiten Felder und Wälder unserer vertrauten Heimat und krochen hinter Bentheim wortlos in unsere Schlafwagenbetten.

Nachdem wir mit der Fähre von Puttgarden nach Dänemark übergesetzt hatten, wurde es langsam hell, und um 9.09 Uhr kamen wir in Kopenhagen an, das in Nebel gehüllt war. Wir hatten zehn Minuten zum Umsteigen und setzten kurz darauf nach Helsingborg auf das schwedische Festland über. Danach fuhren wir einen ganzen Tag durch Süd-Schweden, das Land, das einst – ein plötzlicher, herzerwärmender Gedanke! – von Nils Holgersson auf dem Rücken der weißen Gans Marten überquert worden war. Um 17.44 Uhr lief der Expreß in Stockholm ein. Leider mußten wir viereinhalb Stunden auf den Nachtzug nach Haparanda warten, der erst um 22.10 Uhr von Stockholm abging. Wir aßen eine Kleinigkeit, machten einen Stadtbummel und besichtigten das Rathaus, die Markthallen und die Klarakirche. Dann ging es die ganze Nacht entlang der Küste des Bottnischen Meerbusens, der sechs Monate des Jahres zugefroren ist, und wir kamen erst um 17.40 Uhr am folgenden Nachmittag in Haparanda an. Dort nahmen wir den Zug nach Torneo, ließen Schweden hinter uns und passierten die Grenze nach Finnland. In Torneo stiegen wir in den Zug um, der um 19.27 Uhr abfuhr und uns endlich über Rovaniemi nach Kemijärvi bringen sollte. Es ging abwechselnd durch Tundra und durch finstere Wälder aus Weihnachtsbäumen. Während der Fahrt am Bottnischen Meerbusen entlang war es schon ganz früh dunkel geworden, und wir hatten nur einmal drei Elche gesehen. Uns war klar, daß es auch in Kemijärvi jetzt mitten im Winter nicht mehr als drei Stunden Tageslicht geben würde, denn bis zum Nordpol, wo jetzt monatelange Nacht herrschte, war es ja nicht mehr weit.

Mit den Abteilfenstervorhängen hinter unseren Köpfen blickten wir hinaus ins Dunkel. Es lag hoher Schnee. Von Zeit zu Zeit brach der Mond durch, und hin und wieder erblickten wir ein Haus oder ein kleines Gehöft mit verschneiten Weiden ringsum, die mit Strauchwerk eingezäunt waren. Im Zug saßen nur wenig Menschen. Einige lasen Zeitung, andere schliefen. In einer Ecke saß eine bunt gekleidete Lappenfrau mit einem kleinen Mädchen auf dem Schoß, das pausenlos mit dem Zeigefinger etwas auf die Fensterscheibe malte.

Hinter Haparanda war der Wind zu einem Sturm aufgefrischt. Zwischen Rovaniemi und Kemijärvi kam der Zug rumpelnd und mit quietschenden Bremsen zum Stehen. Alsbald wurde bekanntgegeben, daß ein Draht der Oberleitung vom Sturm beschädigt worden sei. Der Reparaturtrupp sei zu uns unterwegs, aber die Passagiere müßten leider mit einigen Stunden Verspätung rechnen. Es war gegen zehn Uhr abends. Zum Glück hatten wir noch ein paar Brötchen bei uns. Draußen fror es, der Wind heulte, und die Fensterscheiben des Abteils beschlugen.
Nach einer Weile kam der Schaffner zu uns ins Abteil. Wir hatten schon vorher gemerkt, daß er uns scharf beobachtet hatte. Er war ein kleiner untersetzter Mann mit durchfurchtem gelblichen Gesicht und pechschwarzem Bart. In seinen dunklen, leicht schräggestellten Augen lag die Unendlichkeit dieses Landes. Er winkte uns auf den Gang hinaus, wo niemand uns zuhören konnte.
»Sie dürfen es mir nicht verübeln, meine Herren«, sagte er in gebrochenem Englisch, »ich bin Lappländer. Ich bin viel in der Welt herumgekommen, habe mir jedoch die Fähigkeit bewahrt, Nachrichten über große Entfernungen empfangen zu können, wie die meisten Menschen meines Volkes auch. Ich weiß, wer Sie sind. In Kemijärvi hätten Sie die Anweisung erhalten, entlang der Eisenbahnlinie bis zu einer kleinen Kirche zurückzugehen und dort zu warten. Da wir jetzt ohnehin Verspätung haben, können Sie genausogut hier aussteigen und entlang der Schienen zu Fuß bis zu jener Kirche gehen. Wenn Sie sich zwischen den Gleisen halten, wird der Schnee Sie weniger stören. Ich werde Sie schon so aus dem Zug lassen, daß keiner Sie sieht.

Es ging also weiter. Unsere beklemmende Unsicherheit schwand ein wenig. Wir folgten dem Schaffner bis zum vorderen Teil des Zuges. Dort half er uns im Dunkeln mit unserem Gepäck aus dem Zug. Wir dankten ihm, bekamen das ihm überreichte Trinkgeld wieder in unsere Taschen gesteckt und schritten hinaus in die Dunkelheit. Hinter uns wurde der sichere, beheizte und erleuchtete Zug kleiner und kleiner. Inmitten von mächtig rauschenden Wäldern schritten wir über die Schwellen einer Eisenbahnlinie im Norden Finnlands auf ein unbekanntes Ziel zu, in völliger Ungewißheit dessen, was wir eigentlich hier zu suchen hatten.

Kurz darauf sahen wir in der Ferne den Zug mit dem Reparaturtrupp kommen. Wir zogen es vor, nicht gesehen zu werden, und stellten uns seitlich hinter ein paar Sträuchern in den tiefen Schnee. Die Männer fuhren vorbei, ohne auf uns aufmerksam zu werden, und wir zogen fröstelnd weiter. Nach mehreren Kilometern tauchte am Rande des Schienenweges eine kleine Kirche auf. Wir stapften mühsam hin. Nichts rührte sich. Es war bitterkalt, doch der Sturm hatte sich ebenso schnell gelegt, wie er gekommen war. Der Schnee lag über einen Meter hoch. Über uns wölbte sich ein hoher Sternenhimmel, und die Stille war unheimlich.

Wir warteten zehn Minuten, aber nichts geschah. Wahrscheinlich waren wir zu früh da, weil wir jetzt die kürzere Route genommen hatten. Nach einer Viertelstunde gingen wir vorsichtig einmal um die Kirche. Im kleinen Pfarrhaus auf der Rückseite brannte nirgendwo Licht. Eine leichte Panik bemächtigte sich unser. Wohin waren wir geraten? War alles vielleicht nur ein übler Scherz? Waren wir gutgläubig in die Falle gegangen?
Plötzlich erkannten wir in der Dunkelheit einen Wegweiser, neben dem ein alter, graubärtiger Lappe stand. Er bewegte sich nicht, nur mit dem Daumen zeigte er über seine Schulter in den Wald hinein.

Also doch eine neue Anweisung der Heinzelmännchen! Sofort faßten wir wieder Mut und schlugen die angegebene Richtung ein. Lange brauchten wir nicht zu gehen. Aus dem Wald kam ein mit zwei Rentieren bespannter Schlitten. Uns wurde ganz eigenartig zumute: Der Schlitten hatte keinen Kutscher! Wieder einmal betraten wir die geheimnisvolle Welt der Heinzelmännchen. Die Rentiere blieben vor uns stehen, schnauften und scharrten mit ihren breiten Hufen. Wir bestiegen den Schlitten und krochen unter einen schweren, mehrere Quadratmeter großen Schafspelz. Sofort rannten die Rentiere los.

Wir fuhren viele Stunden. Die Kälte schien uns nichts anhaben zu können, und die Tiere wurden trotz des hohen Schnees nicht müde. Es war dunkel, aber alles blieb wie durch einen Schimmer sichtbar, der nicht durch Schnee und Sterne allein erklärbar war. Einmal rasten wir durch niedrige Birken- und Tannenwälder, dann glitten wir über Kältesteppen mit Krüppelweiden, Zwergbirken und Gebirgsbrombeersträuchern, und viele Male überquerten wir zugefrorene Flüsse. Die Rentiere schienen einem festen Kurs zu folgen und zögerten nirgendwo, obwohl wir keinen einzigen Wegweiser sahen. Nur einmal hielten sie mit dem Schlitten und standen aufs äußerste gespannt still, die Nüstern hoch in den Wind gerichtet. Im nächsten Augenblick galoppierten sie in völliger Übereinstimmung in einem scharfen Bogen nach links und kehrten anschließend in einem kilometerweiten Rechtsbogen wieder auf ihren ursprünglichen Kurs zurück. Erst nach einer Weile merkten wir, was los war: Ein dicker Troll stapfte durch die Tundra. Als wir ihn in sicherer Entfernung überholten, blieb er in schlaffer Haltung stehen und gaffte hinter uns her. Die Rentiere hielten noch eine Weile den gestreckten Galopp aufrecht und gingen dann zum Trab über. Noch einmal erschraken wir heftig, als hinter uns ein großer Zweig unter dem Gewicht des daraufliegenden Schnees mit einem dumpfen Knall abbrach.

Rentiere haben breite Hufe, die das Laufen auf Schnee und moorigem Untergrund erleichtern. Ihr Name leitet sich her von dem altnordischen Wort hreindyri, *die lateinische Bezeichnung ist* Rangifer tarandus. *Ihr Verbreitungsgebiet umfaßt die gesamten Tundren und nördlichen Waldgebiete von Europa, Asien und Amerika, einschließlich Spitzbergen, Grönland und Nova-Zemlja. In Nordamerika heißen sie Karibus und haben einen schwereren Körperbau. Sowohl die männlichen wie die weiblichen Tiere tragen große, unregelmäßig gewachsene Geweihe, die im Januar abgeworfen werden und dann wieder nachwachsen. Rentiere werden bis zu 2,2 Meter lang und 1,5 Meter hoch. Das Fell ist im Sommer braun, im Winter weißgrau. Sie sind ausgezeichnete Schwimmer und unermüdliche Läufer. In der Bewegung machen die Hufe ein knackendes Geräusch. Die von ihnen gezogenen Schlitten*

müssen in einigem Abstand von den Tieren angeschirrt sein, denn, wenn sie in vollem Lauf sind, fliegt ihr Auswurf ziemlich weit nach hinten. Sie leben wild und auch gezähmt. Während der Brunstzeit im September und Oktober versammeln die allein lebenden älteren Bullen große Rudel weiblicher Tiere um sich. Nach 28 bis 34 Wochen wird im Mai – Juni ein Kalb zur Welt gebracht, das nach einem Jahr ausgewachsen ist. Rentiere ernähren sich von Rentiermoos, Gras, Knospen und Baumrinde. Zahme Rentiere (hauptsächlich in Lappland und Sibirien) leben stets im Freien und ebenfalls in großen Herden, die sich selbst überlassen werden und auf ihren Zügen von den Menschen verfolgt werden. Ihr größter Feind ist der Wolf. Rentiere sind für die Menschen in den arktischen Gebieten von unschätzbarer Bedeutung. Als sie noch wild lebten, wurden sie gejagt und stellten für die dortige Bevölkerung die wichtigste Fleischquelle dar. Als Haustiere liefern sie praktisch alles fürs Leben Notwendige: Fleisch, Felle, Milch (22 % Fett, 11 % Eiweiß, 3,5 % Milchzucker), Wolle, Nadeln (aus Knochen) und Faden. Sie lassen sich verwenden als Zug-, Reit- und Lasttiere. Bei mehr als 40 Grad Kälte ist es für Menschen tödlich, durch den Mund zu atmen. Selbst die durch die Nase ausgeatmete Luft gefriert dann auf der Oberlippe. Aber Rentiere halten ohne Schwierigkeiten selbst bei 55 Grad unter Null einen stundenlangen Trab durch. Als Zugtiere haben sie ihre Launen, die aber von einem geschickten Fahrer vollkommen kontrolliert werden können. Zum Antreiben gebraucht er einen langen Stock, mit dem ein Rentier nur sanft berührt zu werden braucht, um in Bewegung zu bleiben.

Plötzlich drang uns aus der Ferne etwas in die Ohren, das sich anhörte, als werde mit monotoner Regelmäßigkeit in ein Horn gestoßen. Das Geräusch wurde lauter und lauter. Wir erreichten eine kleine offene Stelle im Wald, umringt von Birken und Fichten. Die Rentiere hielten an und sahen nach rechts in die Richtung, aus der die Laute kamen. Unsere Herzen schlugen schneller. Nach all den Anstrengungen, Beschwernissen und Ungewißheiten der Reise war es für uns ein altvertrauter Anblick: Auf einem dicken Baumstumpf saß ein Heinzelmännchen. Es blies ein meterlanges Horn.
Als es uns sah, legte es das Horn aus der Hand und kam auf den Schlitten zu. Es kletterte herauf und sagte: »Herzlich willkommen! Ich war eben beim Mittwinterblasen.* Heute ist Sonnenwende. Ich heiße Mirko und werde vorläufig euer Gastgeber sein. Schön, daß ihr gekommen seid, steigt aus!«
Im Nu hatte Mirko die Rentiere ausgespannt. Unbegreiflich, daß er mit seinen kleinen Händen die steifgefrorenen Riemen so schnell lösen konnte. Er wollte sich nicht von uns helfen lassen. Als wir die Koffer ausladen wollten, sagte er mit einem Augenzwinkern: »Laßt nur, Diebe gibt es hier nicht.«
Inzwischen hatte Mirko den Rentieren ein paar gelbe Kuchen gegeben, die sie schmatzend zermalmten. Dann trotteten sie ruhig davon und verschwanden im Fichtenwald. Wir schauten einander an. Jetzt würden wir erfahren, zu welchem Zweck die Heinzelmännchen uns hatten kommen lassen. Wollten sie uns ehren oder bestrafen? Trotz unserer Ungeduld trauten wir uns nicht zu fragen, und wir folgten Mirko zu einer kleinen Blockhütte unter den Bäumen, die, wie sich herausstellte, eine Sauna war. In einer Ecke im Innern bullerte ein glühend heißer Ofen. »Dies ist eine verlassene Sauna«, sagte Mirko, »sie gehörte den Waldarbeitern. Ich habe sie wieder ein bißchen hergerichtet. Ihr werdet müde sein. Ich empfehle eine Stunde in der Sauna, dann eine kurze Pause, und dann solltet ihr schlafen.«
Während wir uns ganz auszogen, schüttete er in rasendem Tempo Wasser auf die großen Steine, die auf dem Ofen lagen. Es entwickelte sich ein dichter Wasserdampf, und die Temperatur stieg beängstigend an. Wir legten uns auf die Holzbänke und ließen uns von Mirko von Zeit zu Zeit mit eiskalten Wassergüssen berieseln und mit Birkenruten schlagen. Ihm selbst schien die Hitze nichts auszumachen.

* In den zwölf Nächten um Weihnachten dient das Mittwinterblasen dazu, böse Geister und die Reiter der Wilden Jagd fernzuhalten.

Er tat alles in einer solchen Geschwindigkeit und mit solcher Kraft, wie man sie nur bei Heinzelmännchen antrifft. Nach einer Stunde sagte er: »Und nun auf, auf, in den Schnee. Hinaus mit euch! Hinlegen und immer um die eigene Achse rollen, aber nicht zu lange, ihr seid es nicht gewohnt.«
Wir taten, was man uns hieß, und überstanden es lebend. Es war wunderbar. Als wir die Hütte wieder betraten, war die Müdigkeit aus unseren Gliedern gewichen. Stattdessen befanden wir uns in einem Zustand entspannter Gelöstheit. Mirko hatte die größte Hitze aus der Hütte entweichen lassen. Auf einer der Bänke standen zwei dampfende Teller mit Holzlöffeln daneben.
»Pilze mit saurem Rentierrahm«, sagte unser Gastgeber. »Guten Appetit. Anschließend solltet ihr versuchen zu schlafen.«
Er verschwand durch einen senkrechten Spalt zwischen den Brettern über der Fußleiste. Wir aßen die Teller leer. Nie zuvor hatten wir Ähnliches gekostet. Alles, was Licht, Luft, Sonne, Mond und Erde hervorbringen können, schien in diesem Gericht enthalten zu sein. Nach der Mahlzeit streckten wir uns auf den Bänken aus und fielen in einen tiefen Schlaf.
Als wir aufwachten, war es noch oder schon wieder dunkel. Die verschwommen sichtbare Balkendecke der Hütte war unendlich weit über uns, und die Sitzfläche der Bank sah aus wie ein riesiger Holzfußboden. Wir hörten eine Stimme: »Ich bitte um Entschuldigung. Ich hätte euch vorher warnen sollen, fand es so aber lustiger. Ihr werdet verstehen, daß es sein mußte. Es ist übrigens eine Ehre, die wir nur selten einem Menschen erweisen. Jules Vernes beispielsweise war einer von den wenigen, der Märchendichter Andersen und natürlich die Brüder Grimm!«
Wir setzten uns und schauten in die nachdenklich lachenden Augen Mirkos. Er stand neben uns auf der Bank, und wir waren ebenso klein wie er!

Nach dem ersten Staunen lachten wir lauthals. Wir hatten grüne Zipfelmützen auf, trugen grüne Wämschen und grüne Hosen und Filzstiefel dazu.
Wir waren nicht nur so klein wie Heinzelmännchen geworden, wir hatten auch deren Proportionen angenommen, komplett mit Bauch, massigem Oberkörper und im Verhältnis größerem Kopf, und *wir konnten im Dunkeln sehen, als wäre es Tag,* ganz abgesehen von der Tatsache, daß wir jede Kleinigkeit in unserer Nähe rochen, als ob es sich dabei um sehr stark duftende Gegenstände handelte.
»Dies ist die Kleidung für unsere Gäste«, sagte Mirko. »Ihr werdet euch darin wohlfühlen.« Dann überreichte er uns ein schönes, in Leder gebundenes Buch mit Goldschnitt, das er bis dahin hinter seinem Rücken versteckt gehalten hatte, und unsere ebenfalls verkleinerten Zeichen- und Schreibutensilien.
»Zeichnet alles auf, was ihr von nun an erleben werdet!« sagte er schlicht. Als wir das goldene Schloß des Buches geöffnet hatten, zeigte sich, daß der Inhalt aus leeren, in Loseblattheftung eingehängten Bogen bestand.

Draußen rauschte der Wind durch die Bäume, und die Hütte knarrte in allen Fugen. Der Sturm schien sich wieder in voller Wucht erhoben zu haben.

(Von jetzt an wird unser Reisebericht von Zeit zu Zeit unterbrochen werden zur Einfügung von Erklärungen hinsichtlich der Sitten und Gebräuche, Gegenstände, Apparaturen, Maschinen und anderer geheimer Sachen, die wir in der Welt der Heinzelmännchen vorgefunden haben.)

Jahreswechsel am Polarkreis

»Folgt mir«, sagte Mirko freundlich, während er von der Bank sprang. Wir zögerten einen Augenblick wegen der enormen Höhe, aber als wir den Sprung gewagt hatten, erreichten wir leichtfüßig und ohne uns wehzutun den Boden. Der Spalt, durch den Mirko vor einigen Stunden verschwunden war, hatte nicht größer als ein Mauseloch ausgesehen, aber jetzt konnten wir in aufrechter Haltung hindurchgehen. Dahinter befand sich ein dunkler Gang.
»Dies ist der Verbindungstunnel zwischen meinem Haus und der Sauna«, sagte Mirko, nahm dabei eine Laterne von der Wand und zündete mit Hilfe eines Zunders mühelos die Kerze darin an. »Der Gang ist hundert Meter lang; wir sind gleich da. Wir hätten auch zu ebener Erde gehen können, aber in dem Neuschnee kommt man ohne Langlaufskier nicht weit, und die habe ich zu Hause gelassen. Außerdem ist es draußen bei diesem Sturm lebensgefährlich wegen herunterfallender Zweige.«
So leichtfüßig, wie wir gesprungen waren, bewegten wir uns auch fort. Das lag an der verringerten Schwerkraft. Nicht nur absolut, auch relativ waren wir leichter geworden, denn unser Körperinhalt hatte sich ja im Verhältnis zu unserer Länge um die dritte Potenz verringert, unsere Körperoberfläche dagegen nur um die zweite Potenz.
Schließlich gelangten wir durch eine Tür in einen anderen Gang, der zwischen schweren Baumwurzeln eingezwängt war. Er führte rechts nach oben und mündete ins Freie, wie das Brüllen des eiskalten Sturmes uns ankündigte. Mirko öffnete mehrere Türen. Es waren die Türen von Wandschränken, in denen Langlauf- und gewöhnliche Skier in allen Größen aufbewahrt wurden.
»Wenn wir nach draußen gehen, könnt ihr euch welche aussuchen«, sagte er. »Bei Neuschnee sind sie unentbehrlich! Ich habe sie alle selber angefertigt.«
Dann bogen wir in den nach links führenden Gang ein. Eine Iltisfalle gab es hier nicht. Bald erreichten wir eine mit eigenartigen Bürsten besetzte Drehtür. »Haare des wollhaarigen Nashorns«, bemerkte Mirko nebenbei, während er die Tür drehte, um uns durchzulassen. »Starb vor zehntausend Jahren aus. Alles, was draußen kreucht und fleucht, wird hier zurückgehalten. Mein Haus liegt unter einem Felsen. Wegen eben dieser wollhaarigen Nashörner und der Mammute, die viel zertraten. Das Haus ist dreißigtausend Jahre alt! Ich werde euch eine alte Landkarte zeigen, auf der die Wanderung dieser vorgeschichtlichen Tiere bis nach England aufgezeichnet ist.«
»Woher hast du denn die Haare, wenn die Tiere schon so lange ausgestorben sind?« fragten wir.
»Langsam, das erfahrt ihr noch!« sagte unser Gastgeber.
Am Ende führte der Gang über eine Treppe zu einer kupfernen Tür, durch die wir in den Stiefelraum gelangten. Die Mitgifttruhe war viel üppiger bemalt als die der mitteleuropäischen Heinzelmännchen, an die sich die Leser unseres GROSSEN BUCHES DER HEINZELMÄNNCHEN gewiß erinnern werden. Mirko klopfte bedeutungsvoll auf die Truhe.
»Wartet nur ab«, sagte er.

A Schneepflug
B Ohrwärmer
C Skier
D Stiefelraum
E Mitgifttruhe
F Kranzbrote
G Badezimmer
H Pumpe
I Wasserabfluß
J Offener Kamin
K Luftgitter
L Holzspaltmesser
M Sauna
N Alkoven
O Brennholz
P Dachboden
Q Schaukelstuhlwiege
R Lemminge
S Hahnenschwanz-Schnitzerei

M
O
P
N
Q
L
J
K
S
R

Laufrinnen im Schnee werden mit dem **Schneepflug** gezogen, dies in Anlehnung an die Technik des Schneeflohs (Entomobrya nivalis), eines 1½ mm langen Ur-Insekts oder Kollembolo, das sich auf ähnliche Weise durch den Schnee arbeitet.

Bei 10° unter Null legt das Heinzelmännchen **Ohrwärmer** an, die aus Haaren des Wollhaarigen Nashorns oder aus Rentierhaaren gearbeitet sind.

Sein hochempfindliches Gehör wird dadurch behindert, aber im Winter machen Heinzelmännchen ohnehin keine sehr langen Ausflüge.

In noch kälteren Gegenden, beispielsweise in Sibirien, wird die **Polarmütze** (aus Mammuthaar) getragen, mit der das Heinzelmännchen Temperaturen bis zu −55° aushalten kann. Mit der Mütze sieht es ganz grimmig aus, was auch gewisse Vorteile hat.

Kranzbrot (½ Vollkorn, ½ Weizenkernmehl) wird hergestellt, indem man mit einer Form ein Loch in den Teig drückt.

Die so aus der Mitte entfernte Teigmenge wird zu Brötchen oder Berliner Pfannkuchen verarbeitet.

Heinzelfrauen beherrschen diese Kunst des Backens von jeher besser als Heinzelmänner.

Holzspaltmesser

Das Messer ist so scharf, daß es das Holz durchschneidet wie Butter.

Die **Schaukelstuhlwiege** wird ausschließlich in zweischläfriger Ausführung angefertigt. Das Problem ist das unauffällige Aufstehen, wenn die Babies schlafen.

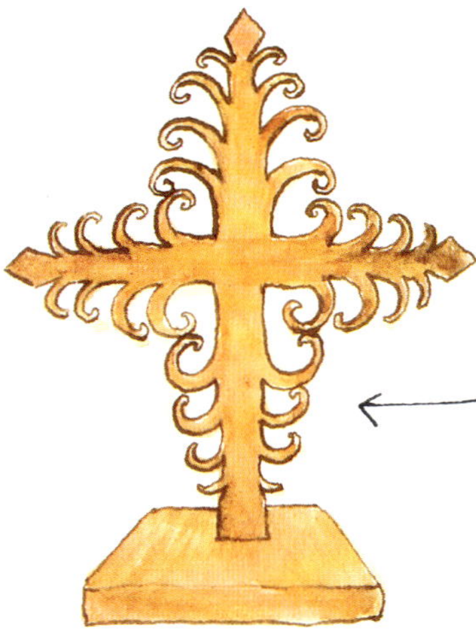

Ohne Papier oder Feueranzünder machen die Heinzelmännchen mit einem durch **Hahnenschwanzscheite** präparierten Holzscheit innerhalb von zwei Minuten ein kräftiges Feuer. Am schönsten kräuseln sich Lärchenspäne. Auch **Weihnachtsschmuck** stellen die Heinzelmännchen in dieser Technik her.

Als Haustiere werden **Lemminge** oder Rentiermäuse gehalten, arktische Nagetiere, die zur Familie der Wühlmausartigen (Cricetidae) gehören. Mit ihrem langen, weichen, dichten Fell, ihren kleinen Ohren und kräftigen schaufelartigen Pfoten sind sie den unwirtlichen Lebensbedingungen gut angepaßt. Im Winter sind sie weiß, im Sommer graubraun. Bei Übervölkerung (alle 8–10 Jahre) ziehen sie in einer Massenwanderung davon, immer abwärts bis zum Meer, wobei unzählige von ihnen Raubtieren zum Opfer fallen oder ertrinken.

Er huschte vor uns durch die zweite Tür ins Wohnzimmer, und wir folgten ihm. Ein Harzgeruch aus längst vergangenen Zeiten kam uns entgegen, und es brannten Kerzen. Auf dem Fußboden spielten zwei Lemminge, und es stand eine raffiniert konstruierte Schaukelstuhlwiege im Zimmer. Mirko hatte eine hübsche Heinzelfrau an die Hand genommen und sagte:
»Darf ich euch Elsa vorstellen?«
Elsa konnte nicht älter als höchstens hundertundzehn Jahre sein, genau wie Mirko.
»Guten Morgen«, sagte sie, »wie reizend, euch nun endlich persönlich kennenzulernen!«
Das Haus strahlte eine festliche Atmosphäre aus, wie früher zu Hause an Feiertagen, wenn Logierbesuch da war. In der Wiege lagen zwei entzückende Babies. Als wir sie kitzelten, begannen sie zu lachen. »Schöne Kinder!« sagten wir.
»Sie heißen Gregor und Britta«, sagte Elsa gerührt und stieß die Wiege leicht an. »Wir gehen gleich zu Tisch. Setzt euch noch einen Augenblick ruhig hin, dann bekommt ihr eine Tasse Tee!«
»Bei euch ist morgen abend Weihnachten«, sagte Mirko, während er seine Pfeife stopfte. »Gestern hatten wir Wintersonnenwende, den niedrigsten Stand der Sonne und somit den kürzesten Tag.« Er sah uns geheimnisvoll an und fuhr fort: »Wir haben noch vier Tage zur Verfügung!«
Wir verstanden kein Wort, hielten es aber für besser, nicht zu fragen.

»Heute abend sollte noch ein Gast eintreffen«, fügte Mirko hinzu, »ich nehme aber an, daß der Sturm sogar ihm zuviel ist.«
Dann setzten wir uns an den gedeckten Tisch. Alles schien hier seine geregelte Ordnung zu haben, und was es alles zu essen gab, war ein wahres Wunder. Wir faßten uns an die Hände.
Es gab Parasolpilze, Pfifferlinge, kleine Stockschwämmchen, Kräuterbrot, Blaubeeren, wilde Himbeeren, Preißelbeeren, sauren Rahm und Haselnüsse und chinesischen Tee.
»Wo bekommst du das mitten im Winter alles her?« fragten wir.
»Dafür haben wir unsere Kühlräume«, antwortete Mirko.
Elsa wies einen Lemming zurecht, der den Weihnachtsschmuck aufknabbern wollte. »Die Lappländer nennen Lemminge ›Rentiermäuse‹«, sagte Mirko beschwichtigend, »es sind nun einmal Nagetiere.«
Ab und zu ging ein tiefes Beben durch das Haus. Mirko zeigte nach oben und sagte: »Dort wütet ein rasender Schneesturm. Wenn ihr jetzt nach draußen kommt, kann es sein, daß man euch nach dem Abflauen des Sturmes womöglich einige hundert Meter von hier entfernt wiederfindet. Unser Gast muß Schutz suchen, ob er will oder nicht.«
Dann wurde unser Gastgeber still und nachdenklich.

Vor jedem Essen halten die Heinzelmännchen sich die Hände und wünschen einander schweigend »Mahlzeit«.

Die Kuckucksuhr schlug elf Uhr morgens, aber die Zeit zählte hier nicht. Wir saßen, behaglich unsere Pfeifchen rauchend, noch immer um den Tisch.
»Ein Spielchen und dann ins Bett«, sagte Mirko.
Er kniete nieder und rollte den Teppich auf. Auf den Boden war ein großes Würfelspiel gezeichnet mit Dinosauriern, einer Trollhöhle als Gefängnis, einer Teufelsbrücke* und einem treibenden Eisberg zwischen den Spielfeldern. Die Figuren waren Urzeittiere aus Bronze, und die Würfel bestanden aus Mammutelfenbein. Alles war verziert mit Geheimzeichen, Schnörkeln und Blumen. Gespielt wurde um kleine Goldklumpen.
Nach zwei Spielen sagte Mirko: »Und jetzt gehen wir schlafen!«
Als er die Türen zum Alkoven öffnete, sahen wir zu unserer Überraschung über dem Bett ein Bild unserer niederländischen Königin hängen! Mirko hatte offenbar in einer unserer Taschen eine Briefmarke gefunden und sie hier aufgehängt – eine nette Geste.
Der Augenblick war gekommen, um die Toilette aufzusuchen. Die Spieldose hier ließ einen temperamentvollen Trepak ertönen, einen Kosakentanz im Zweivierteltakt, sehr amüsant und nicht ohne Einfluß auf die Darmtätigkeit. Der Sitz selbst war kunstvoll bemalt und sehr bequem eingerichtet, da die Heinzelmännchen sich während des Toilettenaufenthaltes ja mit zeitraubenden Bastelarbeiten beschäftigen.
Während wir uns auszogen, stillte Elsa ihre Babies, als wäre es die natürlichste Sache der Welt, und das war es ja auch.

* Eine Teufelsbrücke ist ein über einen Abgrund gestürzter Fels, der zufälligerweise so liegengeblieben ist.

Die **Spiele** der Heinzelmännchen haben hauptsächlich den Zweck, in Form zu bleiben.

Das **Ringstechen** ist nicht so einfach, wie man denkt: es lehrt **Gewandtheit** beim Vorankommen in dichtem Gestrüpp.

Auch **Sacklaufen** ist sehr beliebt (und nützlich).

Weil die Wettkämpfe für Fortgeschrittene schwierigere Bedingungen erfordern, finden diese in <u>hohem Gras</u> statt.

Bockspringen kann der Zipfelmütze wegen <u>nicht</u> in Querstellung ausgeübt werden,

♀ müssen vorher den Rock ausziehen.

Das **Stelzenlaufen** schärft in hohem Maße das Gleichgewichtsgefühl.

(mit bis zu einem Meter hohen Stelzen!)

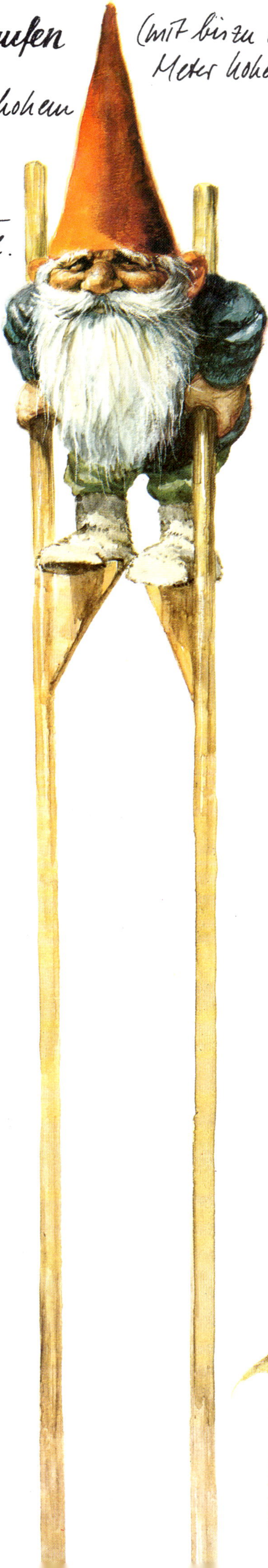

Das **Eisschießen** ist ein gutes Training, um fernungs- fit zu

im Ent- schätzen bleiben.

Andererseits hat sich das Heinzelmännchen natürlich sein kindliches Gemüt bewahrt

(auch um Trolle zum Narren zu halten).

Das **Geschichtenerzählen** für die Kinder versteht es durch Schattenbilder, die an die Wand geworfen werden, besonders spannend zu machen.

Mit einer dicken Nähnadel wird eine große Anzahl Löcher in eine Roßkastanie gestochen. Dann wird die Kastanie einen Tag lang in Öl gelegt. Anschließend tut man sie ins Wasser und stellt fest, welche Seite oben treibt. In die Oberseite wird dann ein tiefes Loch gebohrt (aber nicht ganz durchgebohrt), in das ein Docht gesteckt wird. Dann läßt man die Kastanie in einem Wasserbad schwimmen und zündet den Docht an. Er brennt ungefähr zehn bis zwölf Stunden.

Vor dem Alkoven stand ein Korb mit Birkenreisern. Es waren umweltfreundliche Wegwerfzahnbürsten. Im Alkoven brannte ein Docht in einer Kastanie.

Eine Seite des Birkenreises wird scharf zugespitzt und dient als Zahnstocher. Das andere Ende wird zu Fasern zerkaut und dann zum eigentlichen Putzen der Zähne verwendet.

Wir sagten einander noch einmal »Slitzweitz« (Gute Nacht) und zogen die Türen des Alkovens hinter uns zu. Die Luft war hier so tief im Felsen auffallend frisch. Das Haus bebte noch immer unter dem heftigen Sturm draußen, doch hier unten war es behaglich und warm. Wir sprachen über das, was wir erlebt hatten, und fragten uns, wie lange die Heinzelmännchen uns wohl noch auf weitere Neuigkeiten warten lassen würden. Einerseits kam es uns vor, als wohnten wir hier schon viele Jahre, andererseits bemächtigte sich unser eine Unruhe bei dem Gedanken, wie wir je wieder normale Gestalt annehmen würden. Doch auch in diesem Punkt mußten wir uns auf die Heinzelmännchen verlassen.
Es war nun einmal nicht anders. Wir bekamen hier Dinge zu sehen, von denen kein Sterblicher auch nur etwas ahnt. Wir begannen zunächst einmal, unsere bisherigen Erlebnisse aufzuzeichnen, und diese füllten die ersten zwanzig Seiten des uns überreichten Buches.

Beim sogenannten BLAUDRUCKVERFAHREN wird Leinen, auf das zuvor mit Wachs oder Lehm mit oder ohne Hilfe einer Schablone Figuren gezeichnet wurden, mit blauer Indigofarbe getränkt. Die Farbe verbindet sich mit den Fasern des Leinens, und zwar überall, wo diese nicht vom Wachs oder Lehm geschützt sind. So bleiben die abgedeckten Stellen des Leinens ungefärbt.
Dies ist der sogenannte negative Blaudruck (weiß auf blau), der viel schönere Wirkungen hervorbringt als der positive. Indigo wird aus dem Färberknöterich (Isatis trictoria) gewonnen. Das Farbpulver ist zunächst rot, wird aber durch Oxydation an der Luft blau.

Finnische Heinzelmännchentrachten für Werk- und Feiertage

Elimäki

Koillismaa

Sakkola-Rautu

Kuorevesi

Kirkkonummi

Parikkala

Pukkila

Tunturi

← Festlich ist auch das Kopftuch

Bei grimmig kaltem Wetter werden Muff und Schultertuch aus dem Schrank geholt und …

Während sehr starker Kälteperioden wird das Cape getragen.

Der Mann kann dann auf Ohrenschützer nicht verzichten.

Im Winter sind die Hemdhose und die lange Unterhose unentbehrlich.

Im Sommer kommt die Frau mit weniger aus.

Üblich ist eine einfache, aber zierlich bedruckte Nachtbekleidung.

Damen-nachthemd

Herren-nachthemd

(Beachte den Reißverschluß!)

In felsigem Gelände bauen die Heinzelmännchen ihre Wasserversorgungsanlagen mit Hilfe des großen BOHRGERÄTS (siehe folgende Seiten). Sie suchen sich zwei Seen aus, von denen der eine etwas höher liegt als der andere. Wenn sie den Hohlraum für ihr Haus gebohrt haben, legen sie darunter einen senkrecht nach unten führenden Schacht an. Bevor sie nun mit dem Ausheben des horizontalen Stollens beginnen, der die zwei Seen in der Tiefe verbinden soll, lassen sie in beide Seen ein Segeltuch an der Stelle hinab, wo der Felsbohrer von unten her den Seeboden erreichen soll. Erst danach gräbt der Bohrer zunächst einen Stollen

zum tiefergelegenen See und dann zum höhergelegenen. Sobald der Bohrer durch den Seeboden stößt, werden die Segeltücher durch die Saugwirkung des leeren Stollens fest an den Boden gedrückt, so daß nur wenig Wasser durch die Bohrlöcher in den Stollen gelangt. Anschließend wird der Schlauch des Felsbohrers zurückgezogen und oben im Haus eine Pumpe installiert. Nun werden die Segeltücher entfernt, wonach das Wasser nach dem Gesetz der kommunizierenden Röhren vom oberen in den unteren See zu fließen beginnt. Über das Loch im Boden des höhergelegenen Sees wird ein engmaschiger Korb gestellt, damit es nicht vom Schlamm und Schutt verstopft wird. Meistens sind die ausgewählten Seen sauber genug, um Trinkwasser zu liefern. Und wenn nicht, dann wird im höhergelegenen Stollen ein zylinderförmiger Kohlefilter (mit pulverisierter Kohle) angebracht, der Schmutz und Bakterien abfängt. Dieser Filter kann unter einer Taucherglocke, wie die Heinzelmännchen sie auch für andere Unterwasserarbeiten benutzen, ausgewechselt werden.

Durch konstante Strömung bleibt das Wasser immer frisch.

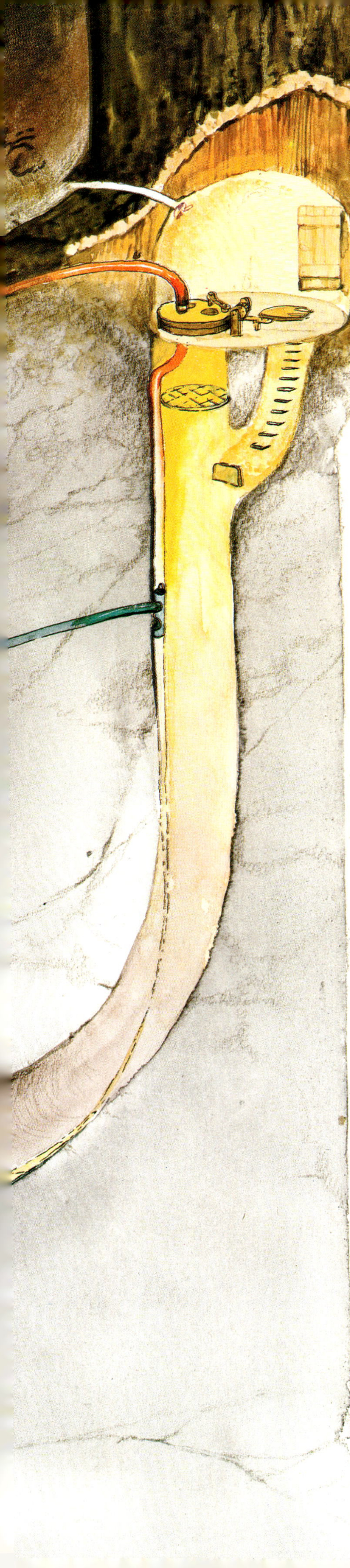

Das Bohrgerät

Das große Bohrgerät zum Fräsen von Kanälen in felsigem Boden wird durch Wasserkraft angetrieben, die in Preßluft umgewandelt wird.
Da die Heinzelmännchen ihre Häuser in nördlichen Gegenden in einen Felsen zwischen zwei Seen zu bauen pflegen, ist dort in den meisten Fällen ein Wasserfall vorhanden, der die für die Arbeiten erforderliche Energie liefert. Hieraus folgt, daß die ideale Bauzeit der Frühling ist, da dann das Schmelzwasser mit Gewalt herabstürzt.

Das Bohrgerät besteht aus drei Hauptteilen:
1. Schaufelrad mit Preßluftaggregat (Exzenterscheiben und Blasebälge)
2. Luftschleuse mit Dekompressionskammer
3. Die eigentliche Bohrmaschine und das Luftschleusentor

Die Bohrmaschine fräst mit ihren vorderen Messern aus Hartstahl den Hauptschacht. Am hinteren Ende hat sie aber auch noch einen Schlaghammer (siehe Detailzeichnung), der neben dem Hauptschacht gleichzeitig die Nebenrinne (zum Abtransport des Bohrschutts) aus dem Felsen herausschlägt.

DAS PRESSLUFTAGGREGAT

Mit Hilfe des Schaufelrades unter dem Wasserfall wird die Wasserenergie auf die SCHAUKELWELLE MIT EXZENTERSCHEIBEN (A) übertragen und von dort über die ANTRIEBSSTANGEN (B) auf die JOCHE (C), die durch die gemeinsame JOCHWELLE (D) miteinander verbunden sind. Die Joche bewegen die Membranen der BLASEBÄLGE (E) auf und ab und produzieren so Preßluft (ohne die geringste Luftverschmutzung), was nur aufgrund der ausschließlich in einer Richtung luftdurchlässigen ANSAUGKLAPPENLÖCHER (F) möglich ist.
(Die Entwicklung dieses Mechanismus hat vermutlich zum Entstehen des Brummtopfes beigetragen.)
Die in den Blasebälgen zusammengepreßte Luft geht über die PRESSLUFTLEITUNG (G) und über das zweite LOCH (N_2) der Verteilerscheibe (siehe auch »Luftschleuse«) zum großen Bohrschacht, wodurch dort während der Arbeit ein sehr hoher Luftdruck herrscht.

DIE LUFTSCHLEUSE MIT DEKOMPRESSIONSKAMMER

In der Luftschleuse befindet sich die VERTEILERSCHEIBE (H) mit den Löchern N_I und N_2, die duch Betätigung der ZAHNWELLE (M) in die jeweils erforderliche Position gedreht werden können. In Ruhestellung entweicht die Luft durch das Loch N_I, in Arbeitsstellung durch das Loch N_2 (siehe dort). Die Abbildung zeigt also die Ruhestellung.

Um den Druck in der Schleusenkammer aufrechtzuerhalten, ist die REGULIERKLAPPE (K) angebracht. Neben der Schleusenkammer wurde die DEKOMPRESSIONSKAMMER (L) in den Felsen geschlagen, durch die die Heinzelmännchen den Schacht betreten und verlassen. In der Nebenrinne befindet sich der hochziehbare Gleitkübel (J), mit dem der Bohrschutt zu einer Stelle draußen unterhalb des Wasserfalls abtransportiert werden kann.
Die Nebenrinne ist mit Abdeckplatten zum Hauptschacht hin abgedeckt. In ihr verläuft ein Seil, das zu einer Glocke in der Schleusenkammer führt. Dieses Seil wird von den Heinzelmännchen betätigt, um Alarm zu läuten oder um sich daran zur Mittagspause bzw. nach Feierabend hochzuziehen.

(Das Sicherheitsnetz des Fallschirmfahrstuhls dient dazu, den Fahrstuhl an jeder gewünschten Stelle des Schachts befestigen zu können.)

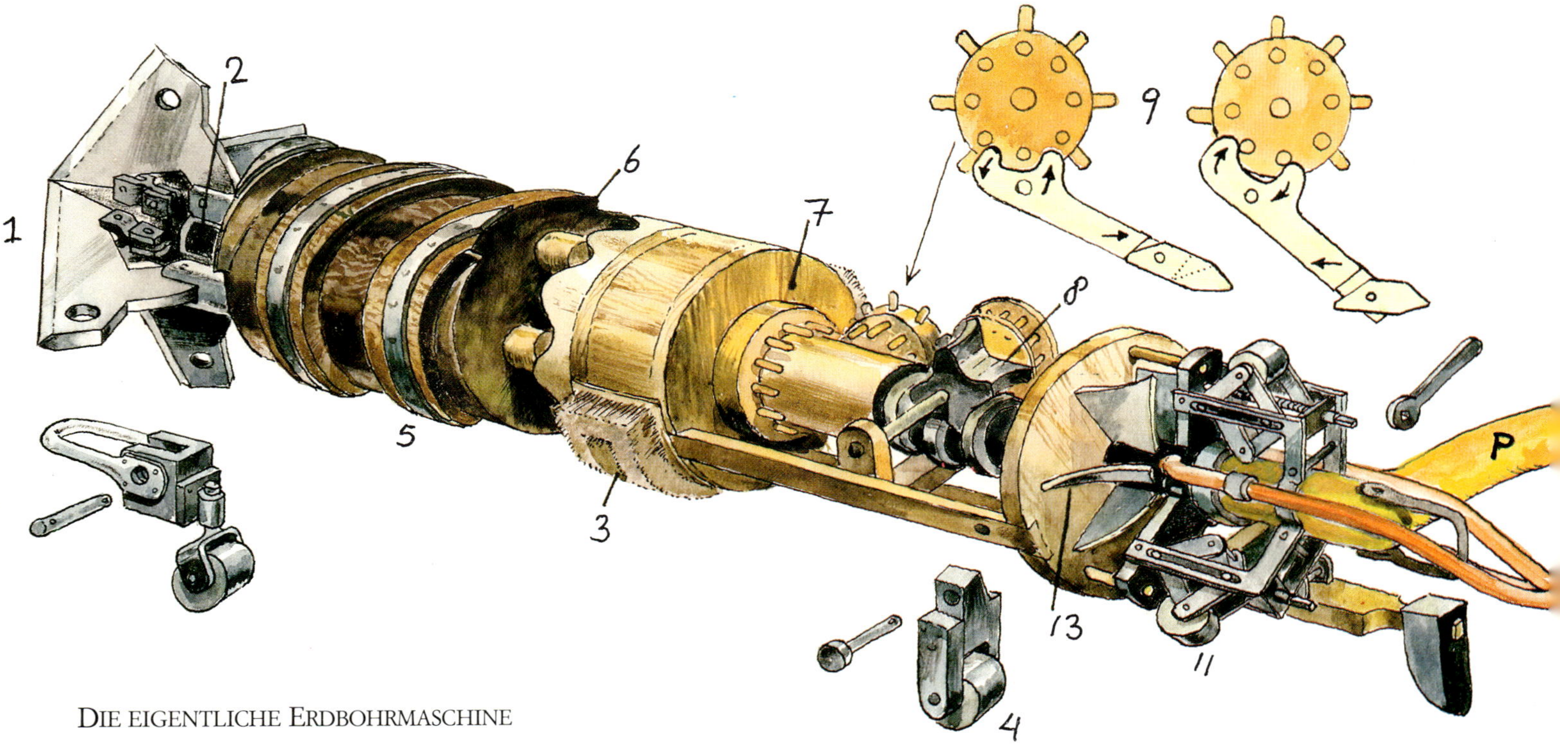

DIE EIGENTLICHE ERDBOHRMASCHINE

Die GEHÄRTETEN BOHRMESSER (1) verrichten die eigentliche Bohr- und Hackarbeit. Durch die enorme Luftkühlung der verbrauchten Preßluft werden sie vor Überhitzung bewahrt. Der durch die Bohrmesser gelöste Bohrschutt wird über den OBEREN ABSAUGKANAL (2) und den mit Besen ausgekleideten BODENABSAUGKANAL (3) durch den Schacht P abgeführt und von dort durch die Nebenrinne zum GLEITKÜBEL (J), dann von dort nach draußen.
Wenn er nicht in Betrieb ist, kann der Bohrer auf TRANSPORTRÄDER (4) versetzt werden. (Die gesamte Bohrmaschine kann auch vertikal arbeiten und wird dann an einen Trägerrahmen gehängt. In horizontalen Stollen liegt sie auf dem Boden des von ihr selbst vorgetriebenen Stollens.)

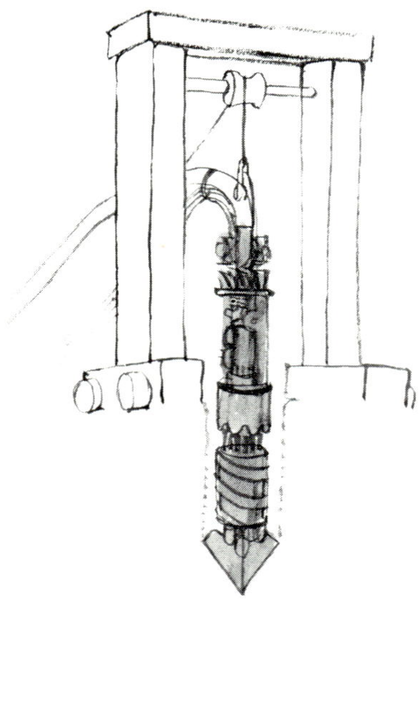

Nach der vorbereitenden Arbeit der Hartstahlmesser am Bohrkopf wird die Wand des Hauptschachts durch die WALZE AUS WURZELNUSSHOLZ MIT STÄHLERNEN MAHLBÄNDERN (5) glattgeschliffen. Die HAMMERSTIFTE (6) erhalten ihre Energie vom NOCKENRAD (7). Die Form des Nockenrads verursacht eine rotierende Hammerbewegung auf die Hammerstifte, wodurch sich der Bohrkopf zu drehen beginnt und der Kerbschlag der Messer bewirkt wird. Durch die ZAHNRADHEMMUNG (8) wird die Umdrehungszahl des Bohrers verringert und so seine Kraft vergrößert. Mit Hilfe des KRIECHZAHNES (9) wird der Bohrer während des Bohrens langsam vorwärts gedrückt.

Die gesamte hierfür benötigte Energie wird natürlich aus der Preßluft gewonnen, die über die drei roten Strahlrohre (10 oder O) herangeführt wird, um das SCHAUFELRAD (13) in Bewegung zu setzen, das seinerseits über ein Schneckenrad die Bewegung nach vorn übersetzt. Um unterirdische Kurven zu ermöglichen, wurde das EINSATZRAD (11) installiert.

DAS SCHLEUSENTOR

Unten im Hauptschacht befindet sich das trommelförmige Schleusentor. Der hohe Druck im Hauptschacht wird durch die drei roten Zuleitungsröhren der PRESSLUFTZUFUHR (O) durch das Schleusentor hindurch zur Bohrmaschine weitergeleitet.
Die DREHKLAPPE (Q) sorgt für das Verschließen der Nebenrinne (siehe vorige Seiten).

Wenn die rechteckige Tür in dem runden Schleusentor geschlossen ist, muß die Preßluft ihren Weg durch die roten Rohre (O) suchen. Wird diese Tür geöffnet, so fällt der Druck in den Rohren, und die Maschine steht still.

Durch das Schleusentor nach hinten verläuft das Rohr für den BOHRSTAUBABZUG (P), der durch den BAJONETTVERSCHLUSS (R) mit der Nebenrinne verbunden ist. Diese Rinne wird durch ABDECKPLATTEN (S) abgedeckt. Der Schutt wird mit Hilfe der verbrauchten Preßluft abgeführt, die in der Maschine in umgekehrte Richtung gelenkt und über den Kanal (P) zurückgeleitet wird.

Um bei vertikalen Bohrarbeiten das Schleusentor vor Abgleiten in die Tiefe zu schützen, wurde das AUSKLAPPBARE GESTÄNGE (T) konstruiert, mittels dessen das ganze Schleusentor in der Rundung der Schachtwand festgeklemmt werden kann.

Greifen wir eine bestimmte Situation während des Betriebs der Anlage heraus: Der Fallschirmfahrstuhl mit Sicherheitsnetz befindet sich tief unten im Schacht direkt hinter dem Schleusentor. Die Bohrmaschine arbeitet auf vollen Touren. Der Schutt wird über Nebenrinne und Gleitkübel nach außen befördert.
Die Mitternachtspause beginnt. Die Heinzelmännchen unten wollen nach oben. Sie öffnen die rechteckige Tür im großen runden Schleusentor: Die Preßluftzufuhr wird unterbrochen, und die Maschine schaltet sich automatisch ab. Dann heben sie eine Abdeckplatte zur Nebenrinne hoch und ziehen am Seil, wodurch es oben läutet. Die Abdeckplatte wird dann wieder heruntergelassen.
Der Heinzelmann-Maschinenmeister oben dreht mit dem Zahnrad die Verteilerscheibe, so daß die Preßluft nun nicht mehr in den Hauptschacht, sondern durch das Loch N_I in die Nebenrinne strömt. Gleichzeitig läßt er den Gleitkübel hinab, so daß die Preßluft nicht über die Transportrinne nach draußen entweicht, sondern geradeaus nach unten strömt und die ganze Nebenrinne leer bläst. Diese Luft macht unten im Schacht kehrt und gelangt über den Hauptschacht wieder nach oben, wobei sie den Fallschirmfahrstuhl vor sich her nach oben pustet. Leider funktioniert dies nicht ohne eine erhebliche Staubbildung, die jedoch nur kurze Zeit anhält.
Die Heinzelmännchen steigen aus, gehen die Stufen zur Luftschleuse hinauf und verlassen über die Dekompressionskammer die Bohrstelle.

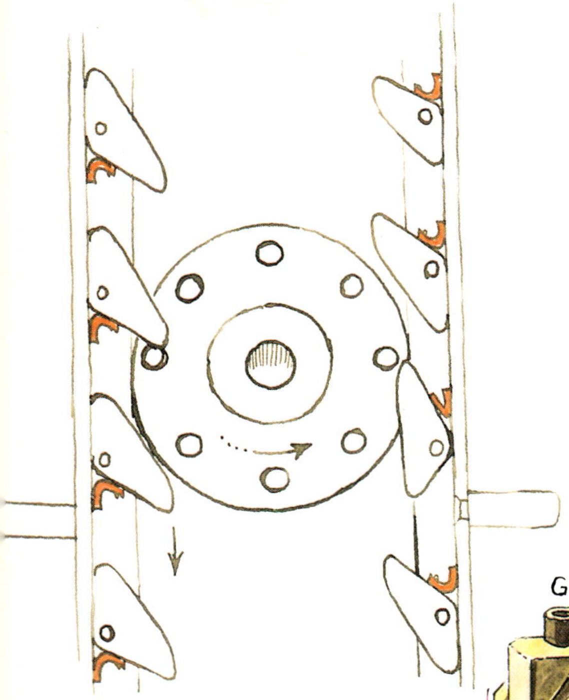

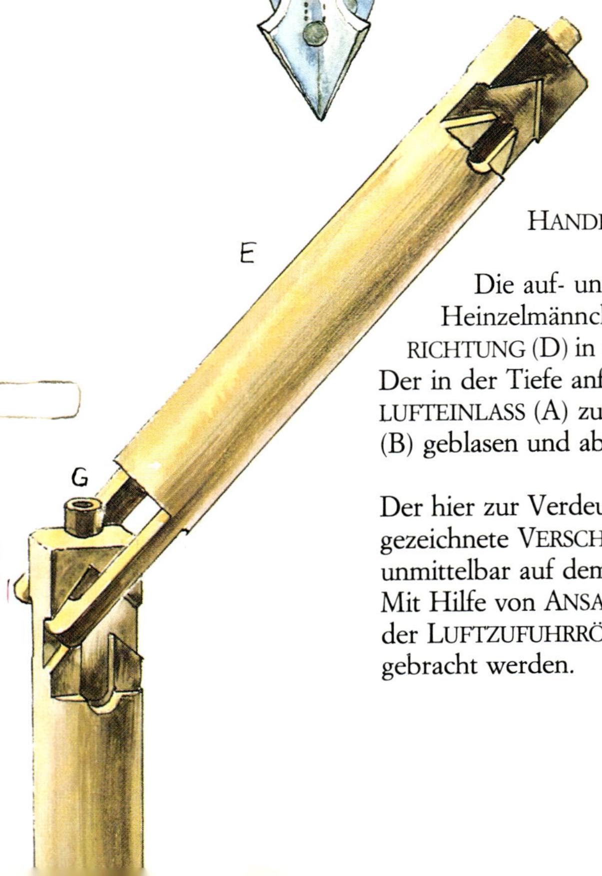

HANDBOHRER FÜR KLEINERE ARBEITEN

Die auf- und abgehende Hebelbewegung der beiden Heinzelmännchen wird durch die SPERRHAKENVORRICHTUNG (D) in eine gleichmäßige Drehbewegung übersetzt. Der in der Tiefe anfallende Schutt wird durch den PRESSLUFTEINLASS (A) zum ABFUHRROHR FÜR DEN BOHRSCHUTT (B) geblasen und abtransportiert.

Der hier zur Verdeutlichung oberhalb des Bohrlochs gezeichnete VERSCHLUSSDECKEL (C) liegt in Wirklichkeit unmittelbar auf dem Bohrloch.
Mit Hilfe von ANSATZVERLÄNGERUNGSSTÖCKEN (E) und der LUFTZUFUHRRÖHREN (G) kann der Bohrer in jede Tiefe gebracht werden.

DER HÖHLENVERGRÖSSERUNGSAPPARAT

Der Höhlenvergrößerer setzt, ebenfalls mit Hilfe einer Sperrhakenvorrichtung, eine Welle in Rotation, an der Ketten mit Eisenkugeln befestigt sind, die eine kräftige Schlagwirkung auf die Felswand ausüben.

Über die bei dieser Maschine recht fragwürdige Sicherheit am Arbeitsplatz machen sich die Heinzelmännchen nicht viele Gedanken.

↑

Wenn alle Bohrarbeiten beendet sind und der Verleiher das Bohrgerät wieder abgeholt hat, folgt die Innenverkleidung der ausgehobenen Hohlräume. Das Haus wird draußen vorfabriziert, so daß es im Inneren des Felsens nur zusammengefügt zu werden braucht.

Zunächst werden die Segeltücher von den Bohrlöchern im Seeboden entfernt und hochgezogen, so daß das Wasser ungehindert aus- und einströmen kann. →

Die Heinzelmännchen wissen genau, wo Mutter Natur einen Baum entbehren kann, – … und auch, wie man ihn fällen muß.

Soll eine Axt handlich sein, dann muß ihr Stiel vom Boden bis zum Bauchnabel reichen (beim Menschen ist das anders).

Zum Begradigen des Stammes spannt man an ihm entlang eine in Kreidestaub getauchte Schnur.

Indem man die Schnur anhebt und wieder zurückschnellen läßt, →

bildet sich auf dem Stamm ein tadelloser Kreidestrich, nach dem das Heinzelmännchen sich bei der Arbeit richten kann.

Für das Rohprofil nimmt es das gewöhnliche Beil.

Zum Abkanten werden Dechsel ← und Zugmesser → benutzt.

Vater und Sohn helfen einander beim maßgerechten Zersägen der bearbeiteten Stämme.

Von Zeit zu Zeit müssen die Zähne der Säge mit dem **Schränkeisen** nach außen gedrückt werden.

Für die sogenannte Halbholz-verbindung wird der Stamm verschieden tief eingekerbt, wonach die Rundung herausgeschlagen wird.

Beim Holztransport verwendet man gern einen

Flaschenzug

Mit Hilfe eines federnden Lärchenzweiges drechselt man in einem umweltfreundlichen Verfahren die

Zierstäbe

Nach dem Fällen der Bäume, was meist in der Nähe des Elternhauses geschieht, werden die größten Stämme gleich an Ort und Stelle auf Maß gebracht und eingekerbt. (Dies ist für das Heinzelmännchen oft auch eine willkommene Gelegenheit, um einen kurzen Besuch bei seinen Eltern zu machen.) Dann transportiert es die Balken

rutschend →

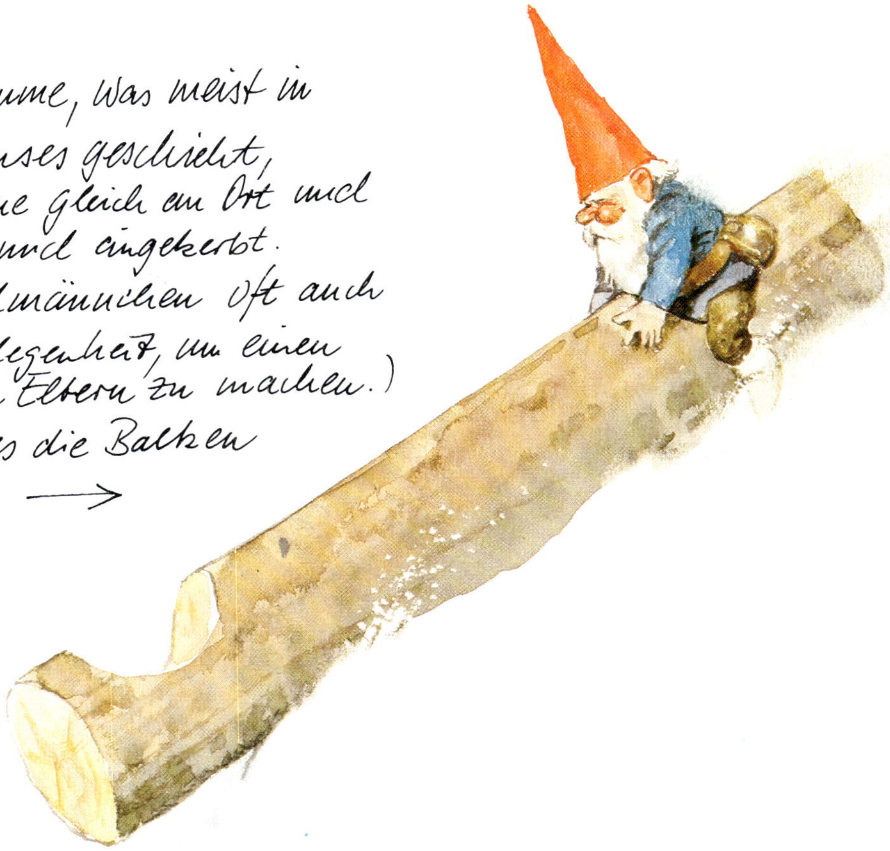

← ziehend

oder

flößend.

↓

Kleineres Rundholz befördert es per Achse und benutzt zum Ziehen jedes Tier, das ihm begegnet.

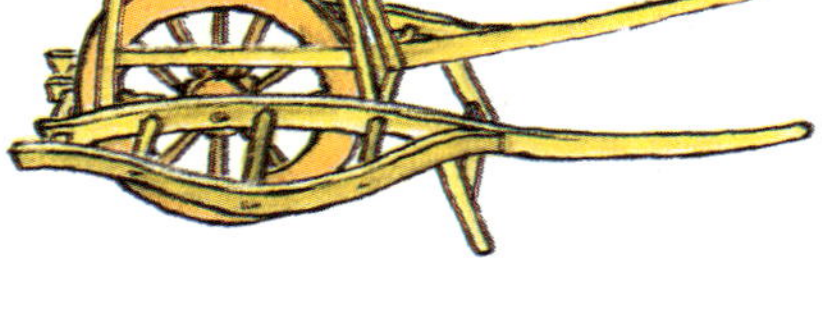

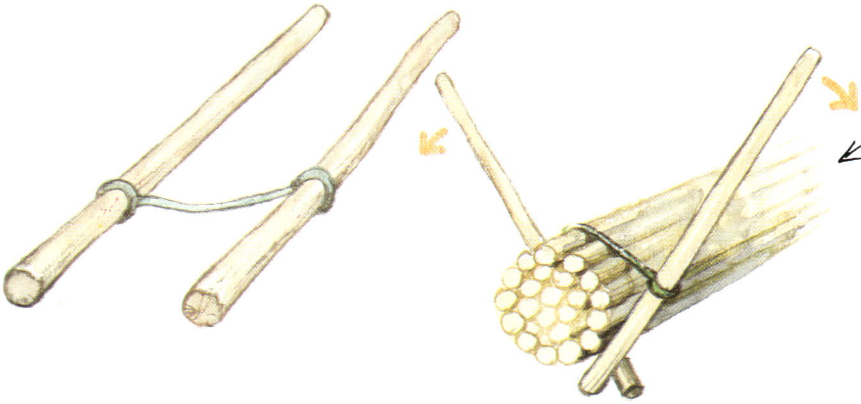

Feines Rundholz wird zu Bündeln zusammengeschnürt.

Wenn das Baumaterial dort angekommen ist, wo die Wohnung entstehen soll, schleppt das Heinzelmännchen es schleunigst in die Bauhöhle, um möglichst bald die Drehtür (mit Bürstenbesatz aus dem Haar des wollhaarigen Nashorns) anbringen zu können,

damit **Bösewichten** (wie beispielsweise Kreuzottern) der Zugang verwehrt wird.

Zuvor weist es noch ein paar Kakerlaken die Tür.

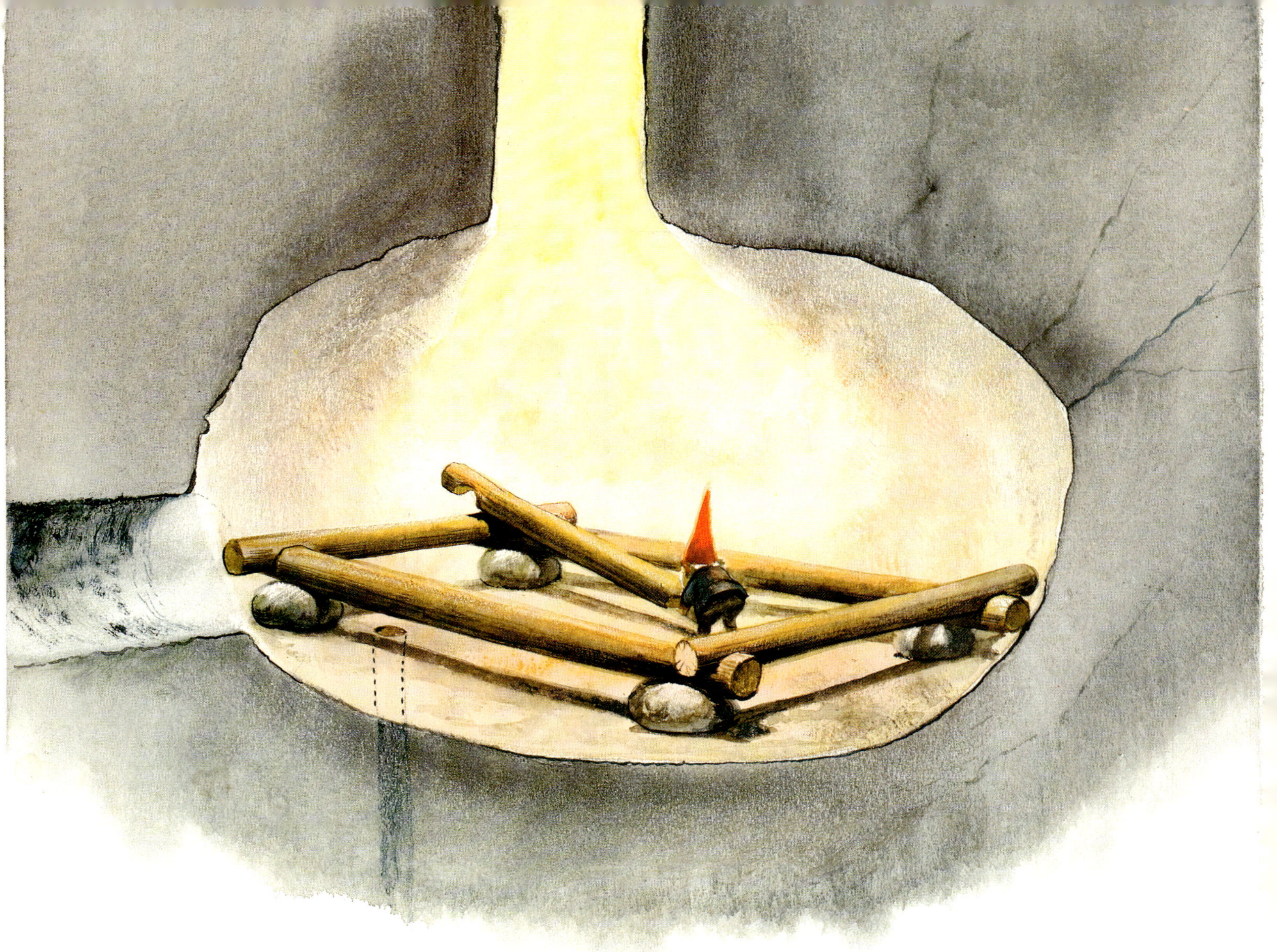

Auf die hier gezeigte Weise legt das Heinzelmännchen nach genau festgelegtem Plan die ersten Balken.
Bald darauf folgt die **Maurerarbeit** für Herd, Luftschacht und Schornstein.

Ein Faß mit → „Festbier"

Die Einweihung des Hauses

Bevor sie getraut ist, darf die Heinzelbraut das neue Haus nicht sehen. Ist die Wohnung fertig, so kommen die Eltern und Schwiegereltern des Mannes auf Inspektionsbesuch. Der Vater der Braut trägt dabei ein Weinrotes Kästchen unter dem Arm, das er nicht aus der Hand gibt, bevor er nicht den ganzen Bau, die Steinmetz- und Zimmerarbeiten, die Qualität des Mobiliars u.s.w. gründlich untersucht und für gut befunden hat. In dem Kästchen befindet sich die Erde aus der unmittelbaren Umgebung des Elternhauses der Braut. Wenn alles nach dem Sinne von Schwiegerpapa in Ordnung ist, wird das Kästchen in eine der Wände eingemauert, und die Sache ist erledigt.

Heinzelmännchen stehen in so enger Beziehung zur lebendigen und zur unbelebten Natur, daß sie immer und überall Freunden und Bekannten begegnen, was sehr angenehm sein muß. Sie lieben ja auch alles und jeden. Freigebigkeit ist ihnen eine liebe Gewohnheit. Nie bitten sie um das, was ihnen ohnehin in den Schoß fällt, sei es Liebe, Zuneigung oder seien es materielle Güter.

Heinzelmännchen kennen auch keine Angst, höchstens Vorsicht und Aus-dem-Wege-Gehen. Sie haben ein tiefverankertes Sicherheitsgefühl. Dieses feste Sicherheitsgefühl ist erblich, wird aber noch erheblich gestärkt durch die Art und Weise, wie ihre Mütter sie von Geburt an in den Arm nehmen, namentlich in einer ganz selbstverständlichen Handhabung des sogenannten Hätschelkreises.

Einige Beispiele für Hätschelkreise, die das ganze spätere Leben des Heinzelkindes günstig beeinflussen.

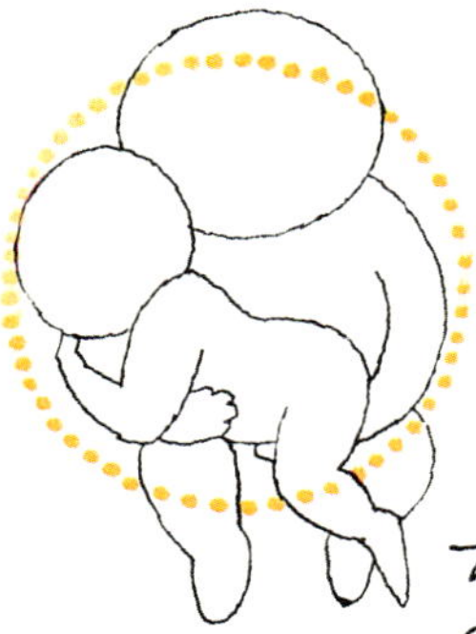

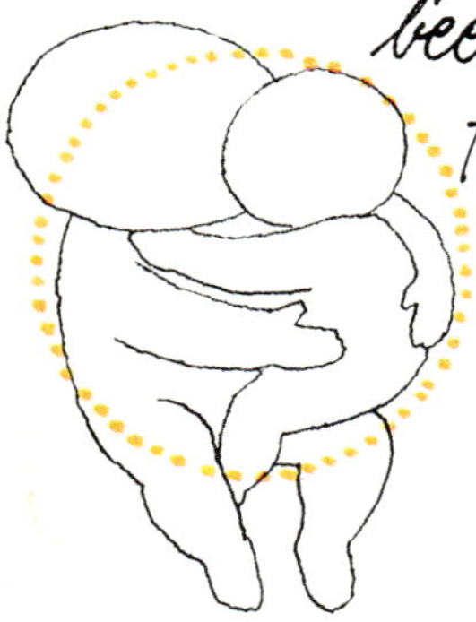

nicht nur Mutter und Kind praktizieren den Hätschelkreis – auch Vater und Kind und alle anderen Kombinationen sind ebenso gut!

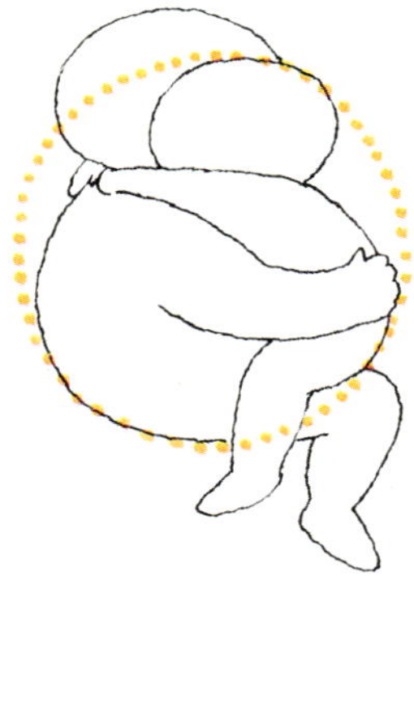

Die Rechnung ist einfach: Was an Liebe und Zärtlichkeit in ein Kind investiert wird, kommt auch wieder heraus. Daraus ergibt sich ein Gefühl der Sicherheit und Verbundenheit, des Einsseins mit Erde und Kosmos, ein Gefühl, das man die kosmisch-tellurische Verbundenheit nennt und beim Menschen nur noch ganz selten antrifft. Mit Tapferkeit hat dies nichts zu tun, im Gegenteil: Da Heinzelmännchen aus ihrer inneren Sicherheit heraus agieren, ist ihre psychische und physische Belastbarkeit maximal: Sie geraten niemals in Panik. Wie alle Lebewesen müssen sie aber den Großteil ihre Empfindungen auf dem Umweg über ihren Tastsinn erworben haben.

Der Tastsinn ist also das Erkennungsorgan. Der Sitz des Tastsinns ist die Körperhülle, die Haut. Für das Kleinkind ist vor allem auch der Mund als Tast- und Erkennungsorgan äußerst wichtig. Als erstes leitet das Tastorgan alle Eindrücke ins Innere, wo sie registriert und katalogisiert werden. Im Laufe der Jahre aber trägt dies dazu bei, Gefühl und Gefühlsleben aufzubauen, wodurch der Tastsinn nicht länger nur Empfänger, sondern auch Sender ist; er spendet Mitleid, Trost, Zärtlichkeit und Liebe.

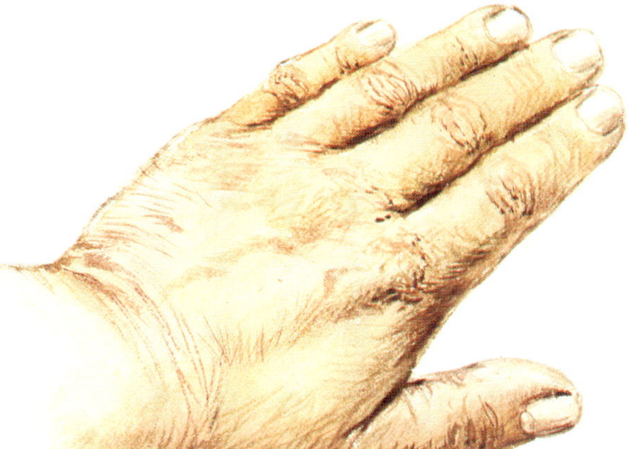

DER TASTSINN

Von Geburt an dient der TASTSINN zur Wahrnehmung, zur Empfindung, zur ersten Erkenntnis. Aus diesem Tastsinn haben sich im Laufe der Evolution alle übrigen Sinnesorgane entwickelt.
Wenn ein Kind fragt: »Was ist das?« und man antwortet ihm: »Nichts für Kinder!« so ist diese Antwort dumm. Das Kind muß den Gegenstand nämlich betastet und festgehalten haben, um für den Rest seines Lebens zu wissen, was der Gegenstand eigentlich vorstellt.

DIE HAND

Bei vernunftbegabten Wesen ist für den Tastsinn die Hand das bei weitem wichtigste Instrument.
Die Hand birgt ein Maximum an Tastfähigkeit und Ausdrucksmöglichkeiten und ist ein Körperteil von unvorstellbarer Vielseitigkeit. Außerdem haben das Geben und Nehmen und die Gesten der Hand fast immer eine emotionale Bedeutung.

Die berührende und formgebende Hand offenbart das Maß des geistigen Reichtums ihres Besitzers. Jemandem DIE HAND GEBEN *bedeutete ursprünglich, ihm zu zeigen, daß man keine Waffen trug. Heute ist die Begegnung zwischen zwei Händen so affektbeladen, daß sie geradezu Bände spricht, man denke an:*

die warme Hand, die kalte Hand, die nasse Hand, die schlaffe Hand, die forsche Hand, die abweisende Hand, die feste Hand, die weiche Hand, die entgegenkommende Hand. Nicht umsonst nimmt die Symbolik der Hand im Sprachgebrauch einen sehr großen Platz ein. In allen Fällen steht die Hand für die ganze Person:
einen Kranken behandeln
eine Angelegenheit abhandeln
handgreiflich (hat leider eine unnötige negative Bedeutung angenommen)

jemandem in die Hände fallen
mit leeren Händen kommen
eine offene Hand haben
aus zweiter Hand
Hand anlegen
aus freier Hand
alle Hände voll zu tun haben
in festen Händen sein
etwas in guten Händen wissen
alle Hände über jemanden halten
zur rechten (oder linken) Hand
die schützende Hand von jemandem ziehen
die öffentliche Hand
die väterliche Hand
mit vollen Händen
von zarter Hand
von langer Hand vorbereitet
freie Hand haben
eine glückliche Hand haben
Handhabung
die letzte Hand anlegen

sich die Hände in Unschuld waschen
jemandem die Hand darauf geben
sich die Hand reichen
handlich
weder Hand noch Fuß haben
Hand an sich legen
die Hände in den Schoß legen
an Händen und Füßen gebunden sein
schnell bei der Hand sein
Hand in Hand gehen
in die Hand versprechen
gut von der Hand gehen
von der Hand in den Mund leben
zur Hand gehen
die Beine in die Hand nehmen
mit starker Hand regieren
mit beiden Händen zugreifen
zwei linke Hände haben
die Hand auftun
Hand aufs Herz
die Hand im Spiel haben
aus der Hand geben
bei der Hand haben
von Hand zu Hand gehen
an der Hand haben
Auch die Hand selbst kann ausgesprochen symbolisch sein:
die flehende Hand
die segnende Hand
die beschwörende Hand
die heilende Handauflegung
der Handschlag beim Vertragsabschluß
die grüßende Hand
die entgegenkommende Hand
die schützende Hand
mit harter Hand
mit sanfter Hand
die suchende oder tastende Hand
gefaltete Hände
die schöpferische Hand

*Das Heinzelmännchen legt die Hand auf den Stamm einer Eiche und sagt: »Hallo Bruder Baum!«, genau wie wir die Hand auf einen Hund oder auf eine Pferdenase legen (was Heinzelmännchen übrigens bei jedem Tier tun). Zärtlichkeit erzeugt selbstverständlich Liebe. Diese ist allumfassend.**

* Für uns gelten hier die Worte des Apostels Paulus im 13. Korintherbrief, Vers 4–7.

Heinzelmännchen sind so vollkommen von der Harmonie der Natur durchdrungen und gleichzeitig dermaßen in sie einbezogen, daß menschliche Aggression und Grausamkeit ihnen völlig unverständlich sind. Sie kennen weder einen »Eisernen Vorhang« noch Kriege, Brudermord, Diebstahl, Neid, Machtstreben oder irgendein anderes menschliches Übel. Das alles ist ihnen dermaßen fremd, daß sie es sich nicht einmal vorstellen können.
Werden sie von den Folgen menschlicher Gewalt unmittelbar betroffen, so gehen sie ihnen einfach aus dem Weg.

ZÄRTLICHKEIT

Zärtlichkeit steht für – und spendet – Wärme und Respekt. Die Qualität der Begegnung wird mit der ganzen Hand zum Ausdruck gebracht, nicht nur mit den Fingern; letzteres wäre nur Berührung ohne Empfindung. Nur mit der ganzen Hand kann etwas zärtlich umfaßt werden.
Ein Kleinkind (besonders ein verängstigtes) muß auf den Arm genommen werden, indem man zunächst neben ihm in die Hocke geht, es dann mit den Händen umfaßt und anschließend erst hochhebt. So wird ein Gefühl der Wärme und Geborgenheit auf das Kind übertragen.
Es ist FALSCH, sich mit geraden Knien vorzubeugen und das Kind aus dieser Stellung emporzuheben. Die Handberührung vermittelt keinen umfassenden Kontakt. Das Tief-Hoch-Empfinden des Kindes wird gesteigert anstatt ausgeräumt.
Eine zärtliche Hand gibt immer und nimmt nie. Eine streichelnde Hand gibt und nimmt. Sie hat eine rein sexuelle Funktion.

UNEINIGKEIT

Wie in allen Gemeinschaften, kommt es auch in Heinzelmännchenfamilien gelegentlich zu Gereiztheiten, zu einer gewissen Verärgerung. Da wird dann meist schnell Abhilfe geschaffen, indem das, was man meint, dem anderen vorwerfen zu müssen, als Text zu einer bestehenden oder selbstkomponierten Melodie leise und doch deutlich gesungen wird.
Wenn die Heinzelmännchen sich anschließend nicht um den Hals fallen, handelt es sich um eine ernstere Verstimmung. In solchem Falle greift man zu folgendem Mittel: Mutter erzählt Vater eine Viertelstunde lang genau, was sie von ihm hält. Vater darf erst am darauffolgenden Tag zur gleichen Stunde darauf antworten. Und zwar wiederum eine Viertelstunde lang. Und so weiter.
Bei Heinzelmännchen bewirkt diese Methode bereits nach wenigen Tagen eine anhaltende Versöhnung.

Und so endet dann mancher Streit mit einem in jeder Hinsicht angenehmen Bad.

Während der Heinzeljüngling von zu Haus fort ist, um das Geheimbuch abzuschreiben, macht auch das Heinzelmädchen eine Lehrzeit durch. In Tierkrankenhäusern erlernt sie die Behandlung der verschiedensten Krankheiten und Verletzungen.

Auch in Reservaten für gefährdete Tierarten sind überwiegend Heinzelweibchen tätig. Bekannt ist zum Beispiel das Naturschutzgebiet Bayerischer Wald, wo Heinzelfrauen als Expertinnen für Geburtshilfe und Parasitenkunde wirken.

Das Restaurieren von beschädigten Schmetterlingen erfordert besondere Kunstfertigkeit.

Ein Lebenswerk der Heinzelfrauen ist die Anlage und Instandhaltung von Fischteichen. Sie befinden sich in aus dem Fels gehauenen, bisweilen auch natürlichen unterirdischen Höhlen von beträchtlichen Ausmaßen. In die senkrechten Felswände zur Höhle hin sind Laufgänge ausgehauen, in denen Laternen und Fackeln hängen. Die Höhlen verengen sich immer wieder zu solchen schmalen Durchgängen, hinter denen sich dann wieder ein neuer Teich befindet. Mitunter liegen bis zu zwölf hintereinander: ein phantastischer Anblick, wenn alle Fackeln brennen.
In diesen unterirdischen Teichen leben sämtliche Fischarten, die es von der Urzeit bis heute gegeben hat. Einige von ihnen leuchten mit dem ganzen Körper in allen Farben des Regenbogens, andere haben nur leuchtende Flossen und Schwänze, wieder andere haben Augen wie grelle Fackeln. Alle Süß- und Salzwasserfische sind vorhanden. Wenn durch Wasserverschmutzung oder aus anderen Gründen eine Fischsorte auf der Erde vom Aussterben bedroht ist, widmet man dem natürlich besondere Aufmerksamkeit.
Das Frischhalten des Seewassers ist die Hauptsorge im Hinblick auf die Sauerstoffversorgung. Auch alle Tiefseefische sind vertreten.
Die größten und vollständigsten Fischteiche liegen unter dem Ural, aber auch unter den Ardennen, in Norwegen, auf dem Balkan, in Kanada, den Rocky Mountains, den Alpen und im Harz dienen große unterirdische Gewässer diesem Zweck.

Wir wurden von einem Gepolter im Wohnzimmer geweckt. Als wir die Türchen des Alkovens aufstießen, kam gerade Elsa auf dem Wege zum Badezimmer im Evakostüm vorbei. Prüderie ist in der Welt der Heinzelmännchen unbekannt. Es geht so völlig natürlich zu wie in der Tierwelt. Die Kuckucksuhr schlug. Es war jetzt sechs Uhr abends. Als Elsa fertig war, nahmen auch wir, einer nach dem anderen, ein heißes Bad, das eine Gänsehaut erzeugte und um so behaglicher war, als draußen noch immer der Sturm wütete. Vor dem Essen sagte Mirko bekümmert: »Unser Gast kommt vorläufig nicht. Er hat es uns unmißverständlich mitgeteilt.«
Nachdenklich fügte er hinzu: »Die Frage ist, was ich jetzt machen soll – falls er nicht vor Neujahr kommt.«

Was sollte der geheimnisvolle Gast mit unserem Aufenthalt in Lappland zu tun haben? Mirko lachte und sagte: »Denkt nicht, daß ihr deswegen hierhergeholt worden seid. Aber ich habe versprochen, auf ihn zu warten, ehe ich euch ... Nein! Ich sage es noch nicht. Nach dem Essen werden wir zunächst einmal dem wollhaarigen Nashorn einen Besuch abstatten.«
Voller Erwartung gingen wir zu Tisch.

Heinzelmännchen beeilen sich niemals, wenn es die Umstände nicht verlangen. Ihre Geduld ist ebenso groß wie die der Tiere. Hastiges Essen finden sie unsinnig und beleidigend für die Hausfrau. Sie leben ja auch lang genug, um reichlich Zeit zum Essen zu haben. Und sie leben so lange, weil sie sich Zeit zum Essen nehmen. Dank ihres enorm entwickelten Geruchs- und Geschmackssinns genießen sie jedes Gericht und Getränk doppelt und dreifach.

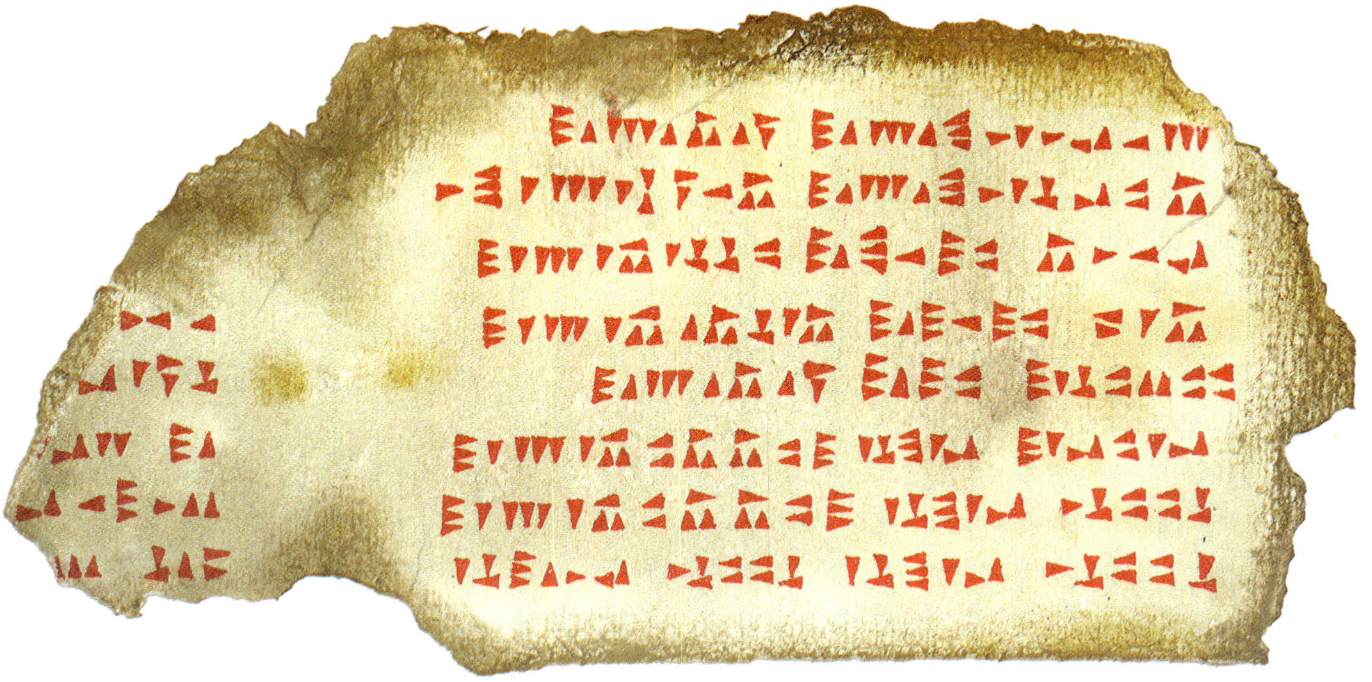

Wir begannen mit einer Suppe, die nach einem sonnigen, mit Walderdbeeren bewachsenen Hang schmeckte.
Bei Heinzelmännchen ist es üblich, die Mahlzeiten durch Vergnügungen zu unterbrechen. Außerdem sind sie überzeugt, daß klassische Hausmusik schon von Geburt an auf Babies einen starken charakterbildenden Einfluß hat. Es wurde ein uraltes Wiegenlied gesungen, das man uns später in der Urfassung in Zipfelmützenschrift zeigte.
Als wir uns nach der Musik wieder ans Essen machten, merkten wir, daß wir im Verhältnis mehr Nahrung aufnehmen konnten als früher. Infolge unserer Verkleinerung hatte unsere Körperoberfläche sich ja in Relation zu unserem Körpervolumen vergrößert und der Stoffwechsel sich beschleunigt.

Uraltes Wiegenlied der Heinzelmännchen

Tuuti lasta, tuuti pientä,
tuuti lasta nukkumahan.
Laulan lasta nukkumahan
uuvutan unen rekehen;
käy unonen ottamahan,
kultaisehen korjahasi
hopiasehen rekehen!

Deutsche Übersetzung

Schlafe Kindchen, schlafe Kleines,
schlafe Kindchen, schlaf bald ein.
Ich singe mein Kleines in den Schlaf
lull' es ein in den Schlitten des Traumes;
komm Schlaf, es sanft verbergen.
Sohn des Schlafs, es heimlich holen
in deine goldene Wiege
in deinen silbernen Schlitten!

Nachdem wir über vier Stunden getafelt hatten, verließen wir etwa um Mitternacht das Haus. Alles stöhnte unter dem Wind, und am Ende des Stollens wirbelten sogar Schneeflocken herein. Über die verlassene kalte Sauna kamen wir in einen langen Stollen.

»Dieser Stollen wurde vom blinden Ur-Maulwurf* gegraben«, sagte Mirko. »Er hatte keine feste Bleibe und grub immer weiter auf der Suche nach Weibchen.«

Mirko beschleunigte seinen Schritt zu einem Galopp. Nach zwanzig Minuten hielten wir an, um ein paar Kümmelsamen** zu uns zu nehmen. Sofort strömte neue Kraft durch unsere Glieder, und weiter ging es.

Nach einer Dreiviertelstunde verlief der Stollen steil nach unten. Es wurde kälter.

»Wir befinden uns nun im Dauerfrostboden«, sagte unser Gastgeber, »in jener Bodenschicht, die niemals auftaut. Achtung jetzt!«

Wir betraten einen dämmerig beleuchteten eiskalten Raum. Vor uns standen zwei gewaltige rostfarben behaarte Nashörner. Ein drittes lag in Stücken am Boden. »Sie sind während der letzten Eiszeit von einem Schneesturm überrascht worden und so schnell zu Tode gekommen, daß sie noch Gras zwischen den Zähnen haben«, sagte Mirko, während wir auf ihre Nasen kletterten. »Mein Vater und mein Großvater haben sie hier nach und nach freigehackt. Die Stücke dort am Boden gebrauchen wir, um uns mit Leder zu versorgen. Daß es hier so hell ist, macht der sogenannte »ewig phosphorisierende Stein«***. Im Altertum beleuchtete er eine Drachenhöhle in Norwegen. Mein Großvater hat hier einige solcher Steine eingebaut.

* Talpa caeca borealis major
** Fructus carum carvi
*** Lapis draconensis aureolucnetis

Anschließend traten wir den Rückweg an. Mirko war schweigsamer geworden. Um sechs Uhr früh betraten wir das Wohnzimmer. Eine Tasse chinesischer Tee vertrieb unsere Müdigkeit ein wenig. Mirko holte nacheinander die Babies aus der Wiege und begann sie trockenzulegen, ohne ein Wort, tief in Gedanken. Als er mit Gregor und Britta fertig war, setzte er sich zu uns und sagte, den Blick zur Decke gerichtet:
»Uns bleiben noch drei Tage ...«
Wir blickten gespannt auf. Ob es jetzt endlich kam?
Er sah uns ernst an und sagte: »Geduld! Abgemacht ist abgemacht.«

Trotz unserer leicht enttäuschten Neugierde fiel uns auf, wie klug und ausgeglichen er sich in Anbetracht seines jugendlichen Alters benahm.

Und damit gingen wir wieder zu Tisch. Entspannen? Sicher, Geduld zu haben, hatten wir inzwischen gelernt, ganz abgesehen von der Tatsache, daß wir ja selbst Heinzelmännchen-Eigenschaften besaßen.
Und doch waren wir ziemlich aufgeregt. Sie stellten uns wirklich auf die Probe!

Nach dem Essen schliefen wir von zehn Uhr morgens bis sechs Uhr abends.
Dann gab es wieder einen Imbiß, und anschließend blieben wir lange am Tisch sitzen.
In der übrigen Welt war es jetzt Heiligabend. Irgendwie war es noch immer unmöglich, durch eine direkte Frage in Erfahrung zu bringen, zu welchem Zweck wir mitten im Winter so weit von unserem Zuhause weggeholt worden waren. Es schien, als ob unsere Zungen uns den Dienst versagten. Vielleicht war es auch, weil wir als Heinzelmännchen untereinander besser wußten, was sich gehörte und was nicht.

Als wir aufgestanden waren und Elsa beim Abräumen des Tisches geholfen hatten, starrte Mirko grübelnd ins Kaminfeuer. Wir unterhielten uns über die jüngste, durch illegale Manipulation verursachte Ölkatastrophe vor der schwedischen Küste, die wieder viele Seevögel das Leben gekostet hatte, aber Mirko schien nicht mit den Gedanken dabei zu sein und beteiligte sich nicht am Gespräch.
Plötzlich drehte er sich um und ging zum Stiefelraum.
Durch die halboffene Tür sahen wir, daß er den Deckel der Mitgifttruhe hochklappte und ... hineinstieg! Noch erstaunter waren wir, als er in der Truhe hinabzusteigen begann und schließlich ganz verschwand.

Treppenstufen knarrten, und in der Tiefe war ein leises Poltern zu hören. Sogar Elsa war erregt und lächelte uns verlegen an.
Endlich kam die Zipfelmütze unseres Gastgebers wieder über dem Rand der Truhe zum Vorschein. Er brauchte beide Hände, um zwei Bücher zu tragen. Das eine war sehr groß, das andere klein. Er stieg aus der Truhe, schlug mit dem Ellbogen den Deckel zu und kam wieder zu uns ins Wohnzimmer. Dort legte er die Bücher auf den Tisch. Sie strahlten ein grünes Licht aus. Elsa begann alle Kerzen auszupusten. Als sie damit fertig war, lag das grüne Licht wie eine Decke über dem Holztisch. In den Gesichtern im Kreis um den Tisch glühte ein grünlicher Schein. Mirko schlug das große Buch auf und sagte feierlich:
»Die Zeit ist gekommen, daß ihr einen Blick in das Geheimbuch tut.« Er hielt einen Augenblick inne und fuhr dann fort: »In diesen Bänden steht alles, was die Heinzelmännchen seit der Entstehung der Welt aufgezeichnet haben – Geschichte, Verhaltensregeln, Materialkenntnisse und so weiter. Ich wollte die Ankunft unseres Gastes abwarten, denn er hat euch auch einiges zu sagen, aber das geht nun einmal nicht. Der Grund, weshalb ihr dieses Buch zu sehen bekommt, ist, daß wir euch zeigen wollen, wie oberflächlich euer Werk DAS GROSSE BUCH DER HEINZELMÄNNCHEN ist. Nachdem etwa die halbe Menschheit das Buch gelesen und überbewertet hat, konnte es so nicht weitergehen. Es wurde Zeit, daß ihr erwachsen werdet, und dafür wird euch in den nächsten Tagen noch Gelegenheit gegeben werden.«
Unsere Herzen klopften nun wirklich vor Freude. Bis jetzt war es uns nie gelungen, das Geheimbuch, das in jedem Heinzelmännchenhaus vorhanden ist, zu Gesicht zu bekommen. Es schien, als ob oft die Kinder nicht einmal wußten, wo es im Heinzelmännchenhaus versteckt war. Aber warum zeigte man uns das Buch nicht einfach im eigenen Lande? Noch bevor wir fragen konnten, sagte Mirko: »Der eigentliche Grund, weshalb wir euch ganz bis nach Lappland haben kommen lassen, ist, daß dies ... das Urexemplar des Geheimbuches ist. Alle übrigen Geheimbücher auf der Welt sind aus diesem Buch abgeschrieben worden. Wenn ein Heinzelmännchen sein fünfundsiebzigstes Lebensjahr vollendet hat und vom örtlichen Rat ins Register aufgenommen worden ist, reist es hier an, um eine Abschrift anzufertigen. Dazu braucht es mehrere Jahre. Und wir holten euch ausgerechnet in den für euch Menschen so wichtigen Weihnachtstagen hierher, weil dieses Geheimbuch jeweils sechs Tage lang vor und nach der Wintersonnenwende ganz besondere Eigenschaften besitzt, die ihr gleich kennenlernen werdet. Darum konnte ich auch nicht länger

auf unseren Gast warten, denn ihr werdet mehrere Tage brauchen, um euch in das Buch zu vertiefen.
Alle schwiegen. Elsa schaute mit glänzenden Augen und geweiteten Pupillen in das grüne Licht. Wir trauten uns nicht, das Buch zu berühren.
»Daß ich ein so kostbares Dokument aufbewahren darf«, fuhr Mirko fort, »kommt daher, daß es uns reihum anvertraut wird, und zwar für jeweils dreihundert Jahre. Es hätte sich also genauso gut bei euch im Lande befinden können. Aber wer immer es in seiner Obhut hat, ist verpflichtet, alle wissenswerten Neuigkeiten einzutragen.«
Er schlug das große Buch auf. Auch die Buchstaben waren grün, und sie schienen mit der Hand geschrieben zu sein. Zufälligerweise war das Kapitel VOGELZUG aufgeschlagen.
Die Seite zeigte einen altertümlichen , ziemlich primitiven Globus mit einem Gewirr von Linien, Punkten, Kreuzchen, Geheimzeichen und altnordischen Runen. Aber bei längerem Hinschauen stieg der Globus aus dem Buch auf, wurde größer und größer und begann sich langsam zu drehen. Das Grün verwandelte sich in allerlei Farben.
»Jetzt sagt einmal, worüber ihr Näheres erfahren wollt!« forderte Mirko uns auf.
»Seeschwalben.«
Sogleich wurde der ganze Zug der Nordischen Seeschwalben*, im Osten und Westen beider Amerikas von Feuerland bis Kanada, sichtbar; eine zehntausend Kilometer lange Strecke, die die Vögel zeit ihres Lebens mindestens viermal pro Jahr zurücklegen, um zu brüten. Es fehlten auch nicht die

* Sterna macrura

gefürchteten Raubseeschwalben, die den wehrlosen Seeschwalben auf ihrer langen Reise die erbeuteten Fische entreißen und sich an den Brutplätzen über die Eier hermachen.
Es war ein imponierender Anblick. Die Erdkugel schwebte jetzt hoch über dem Tisch und drehte nach wie vor langsam ihre Runde. Wir erkannten auch das Verbreitungsgebiet der Brandseeschwalbe, der Trauerseeschwalbe, der Küstenseeschwalbe und der Zwergseeschwalbe sowie seltenerer Arten dieser emsigen Vögel. Wenn man genau hinsah, schien es sogar, als sähe man die weißen Vogelsilhouetten von oben.
Mirko schlug das Kapitel Palläontologie auf, Sparte »Ausgestorbene Tierarten«. Im selben Augenblick war die Erdkugel verschwunden.
»Der Unterschied zwischen euch und uns«, sagte Mirko, »liegt darin, daß wir damals schon auf der Welt waren, während euch nur Fossilien zur Verfügung stehen, um diese Tiere zu rekonstruieren! Was wollt ihr noch sehen? Ein Mammut?«
Sogleich stieg es aus den Buchseiten empor: ein furchterregendes behaartes Riesentier mit gewaltigen Stoßzähnen. Es wuchs bis zur Decke und schien zu leben, hatte jedoch keinen Kontakt mit uns. Einmal streckte Mirko die Hand aus, quer durch das Mammut hindurch!

Doch vermeinten wir, ihn zu wittern, obwohl er keinen einzigen Laut von sich gab.

Dann ließ er uns noch mehrere andere prähistorische Tiere anschauen. Fast unglaublich war das Erscheinen eines Neanderthalers. Er war dabei, eine Tierhaut mit einem Schabstein zu bearbeiten, nahm aber auch keine Notiz von uns.

Die Heinzelmännchen wissen, wo diese Werkzeuge aus der Steinzeit noch tonnenweise herumliegen.

Napoleon erfreute sich auf Elba der Gesellschaft eines Heinzelmännchens. Sie spielten nicht nur zusammen Schach, auch die allabendliche Strandwanderung mit dem Heinzelmännchen hat dem Kaiser viel Freude gemacht, besonders wenn er beim Weitspucken gewann.

Stradivari machte von Cremona aus lange Spaziergänge durchs Gebirge, um das richtige Holz für seine einzigartigen Geigen selbst auszusuchen. Die Decke des Resonanzkörpers der Geige besteht aus Tannenholz (Pinus silvestris). Die Zargen, der Boden und die Schnecke bestehen aus Ahornholz (der böhmische Ahorn ist breitmaserig, in den Apenninen gibt es den feinmaserigen Ahorn). Der Lack oder Firnis, den Stradivari verwendete, war von einer besonderen Zusammensetzung, deren Rezept verlorengegangen ist. Stradivari hat häufig die Hilfe von Heinzelmännchen in Anspruch genommen. Er bevorzugte Bäume, die in über 1500 Meter Höhe wuchsen, da das Wachstum dort langsamer ist, so daß die Jahresringe enger zusammenstehen. Gerade in diesem unwegsamen Gelände sind die Heinzelmännchen für Stradivari von großem Nutzen gewesen, ganz abgesehen von ihren Materialkenntnissen.

Endlich schlug Mirko das Buch zu. Wie im Fluge war die Zeit verflogen, und doch hatten wir noch lange nicht alles gesehen. Es war gegen Morgen, und Elsa begann mit den Vorbereitungen fürs Essen. »Und was steht in dem kleinen Buch?« fragten wir.
»Das ist eine gekürzte Ausgabe für Kinder«, antwortete Mirko. »Wir lesen ihnen meistens daraus vor, ehe sie zu Bett gehen.«
Nach dem Essen brachte Mirko das große Buch zum Alkoven und stellte es gegen die Rückwand des großen Doppelbettes. »Ihr könnt, soviel ihr wollt, darin lesen«, sagte er schlicht.
Als wir uns in aller Eile ausgezogen hatten, krochen wir ins Bett und begannen das Buch durchzublättern. Wir sahen uns die Entwicklung des Bumerangs an und die der Wünschelrute.
Wir betrachteten die zum Magma gegrabenen Kanäle, die die Verwandlung der Wärme aus dem Erdinnern in Energie bezweckten. (Das Magma ist eine glühende, 2200 km mächtige Schicht geschmolzenen Gesteins in der Tiefe der Erde. Es besteht zu einem Großteil aus flüssigem Silizium. Der eigentliche Erdkern ist aus fester Substanz und hat einen Durchmesser von 2500 km. Das Magma bildet eine Schale um diesen Kern.)
Der Medizin war ebenfalls ein ausführliches Kapitel gewidmet.
Alles, was wir näher in Augenschein nehmen wollten, trat dreidimensional aus den Buchseiten hervor. Es war alles da, einschließlich der modernsten Dopplerapparatur zur Messung der Strömungsgeschwindigkeit in den Blutgefäßen. Außerdem hatten die Buchseiten die merkwürdige Eigenschaft, von Zeit zu Zeit stillzustehen, während der Text trotzdem fortfuhr, wobei man das Gefühl hatte, beim Zeitunglesen eingenickt zu sein.
Wir sahen weiterhin alles über Wohnungsbau und Holztransport der Heinzelmännchen und die Maschinen, die ihre Häuser mit sauberem Wasser versorgen.
Und selbst eine Abbildung der Arche Noah gab es!

Die SINTFLUT fand am Ende der Altsteinzeit statt, also vor gut vierzehntausend Jahren. Sogar die Heinzelmännchen haben sich nicht dem Gebot entziehen können: »Und du sollst in den Kasten tun allerlei Tiere von allem Fleisch, je ein Paar, Männlein und Weiblein, daß sie lebendig bleiben bei dir.« Als besondere Gunst durften sie allerdings ihre Kinder in die Arche mitnehmen.
Beim Ausschiffen auf dem Berge Ararat konnten die Heinzelmännchen den Tieren wertvolle Hinweise geben, in welchem Erdteil sie sich niederlassen sollten.

Bild 8 aus dem kleinen Buch für Kinder.

Eines der vielen Beispiele, die wir Suchbilder nennen würden, die aber nicht zum Scherz da sind, sondern die Beobachtungsgabe der Kinder wecken sollen.

Demgegenüber stehen Abbildungen, die harmlose, aber vor allem im Halbdunkeln unheimlich wirkende Erscheinungen zeigen, damit die Heinzelmännchenkinder sie von wirklichen Gefahren zu unterscheiden lernen. Dasselbe gilt für Geräusche in der Natur. So lernen die Kinder: Nicht alles, was gruselig aussieht, muß es unbedingt sein.

Fluß- und **Meeresnymphen** haben die Gestalt blendend schöner Frauen, die sich, ohne mit der Wimper zu zucken, im eisigen Wasser aufhalten. Wehe dem Mann, der sie erblickt: Sogleich vergißt er seine eigene Frau und muß von da an bis zu seinem Lebensende Sklavenarbeit verrichten.

Heinzelmännchen sind gegen solche Damen natürlich immun. Von Zeit zu Zeit retten sie einen Trottel von Mann. Sie locken ihn vom Ufer fort, schläfern ihn ein, reiben ihm Augen und Ohren mit Seehundsfett ein, stecken ihm einen Meerrettich in den Mund und legen ihn vor seine eigene Haustür. Wenn er aufwacht, hat er den ganzen Zwischenfall vergessen.

Etliche der Nymphen haben
Rehaugen,
andere
Fuchsaugen

oder Habichtsaugen →

Andere machen sich gern ausgiebig am Ufer zurecht, wobei die Heinzelmännchen auffallend oft gerade in der Nähe zu tun haben.

Rusalkas sind über und über grün und haben einen Fischschwanz.

Sie sind von sorgloser Gemütsart und begreifen nicht, was sie bei Männern anrichten.
Ihr Haar darf <u>nicht</u> trocknen, sonst werden sie krank.

Lesebrettchen aus der Urzeit

Die Zipfelmützenschrift

von der die Keilschrift abgeleitet wurde (Keile gab es erst später!!), ist heute bei den Heinzelmännchen nicht mehr in Gebrauch.

Als wir das große Buch die halbe Nacht studiert hatten, schlugen wir es endlich zu, um zu schlafen. Da entdeckten wir auf dem Buchrücken die Ziffer III. Es gab also noch mehr Bände des Geheimbuches. Auf jeden Fall Band I und II, aber wieviele insgesamt?
Von den vielen Eindrücken verwirrt, versanken wir in einen unruhigen Schlaf.
»Dürfen wir einmal sehen, wo das Geheimbuch aufbewahrt wird?« fragten wir Mirko nach dem Frühstück.
»Aber gern«, sagte er gutgelaunt. Der Deckel der Mitgifttruhe wurde aufgeklappt, und wir stiegen in die Truhe und das Treppchen hinab; am Ende der Treppe befand sich ein großer freundlicher Raum, der offensichtlich unmittelbar unter dem Wohnzimmer lag.
Hier standen sieben Lesepulte.
An der Rückwand war ein Schrein aus Alabaster. Zu beiden Seiten brannten Kerzen, die Dach und Wände des Schreins erhellten.
Am nächsten Morgen nahmen wir das Buch wieder mit in den Alkoven. Es schien immer mehr darin zu stehen, und dies war ja erst Band III.

Eine Woche war vergangen. Als wir eines Abends vom Essen aufstanden, schlug die Kuckucksuhr zwölf. Nach unserer Zeitrechnung begann der erste Januar. Wir rieben Nasen mit Elsa und Mirko und wünschten ihnen ein gesegnetes Neues Jahr.
»Der Sturm legt sich«, sagte Mirko, »morgen früh wird es windstill sein. Hier und da liegt der Schnee aber meterhoch, und sobald der Wind sich gelegt hat, folgt strenger Frost.

Ich erwarte unseren Gast gegen Abend. Es sind viele Trolle unterwegs. Unser Freund muß also sehr vorsichtig sein.«
Am Abend des ersten Januar klopfte es gebieterisch an die kupferne Haustür. Als Mirko öffnete, kam ein – sibirisches Heinzelmännchen herein. Es war um etliche Zentimeter größer als wir, in einen zottigen Pelz gehüllt, und auch seine Zipfelmütze mit den riesigen Ohrenschützern war aus Pelz. Unter den stechenden Augen und der roten Nase wallte ein ungepflegter Vollbart.
»Hallo Nikolaj!« sagte Mirko. »Herzlich willkommen! Du wirst eine beschwerliche Reise gehabt haben.« Das sibirische Heinzelmännchen antwortete nicht. Es drehte sich um, schnallte einen schweren Rucksack los, ließ ihn auf den Boden fallen und schob ihn mit dem Fuß gegen die Wand. Dann zog es seine dicken, wollenen Fausthandschuhe aus und warf sie auf den Rucksack. Es wendete sich wieder Mirko zu, streckte eine fleischige Hand aus und sagte dann erst: »Das bißchen Schnee und Wind? Daß ich nicht lache!« Dann rieb es sich mit Elsa die Nase. Anschließend stellte es sich vor uns hin, betrachtete uns von Kopf bis Fuß, zog dabei den Pelz aus und ging zum Stiefelraum zurück, um ihn aufzuhängen. Als es wiederkam, sagte Mirko: »Darf ich dich mit unseren holländischen Freunden bekannt machen?«
Der Sibirier grunzte und sagte: »Warum? Das sind doch die Burschen, die so genau wußten, was für Schurken die Sibirier sind und daß mein guter Freund Koscha ein Pelzdieb ist?«
Wir sahen einander an. Es war eine peinliche Situation. Elsa und Mirko war offenbar auch nicht ganz wohl. Bis jetzt war das Eintreffen des langerwarteten Besuches eine Enttäuschung. Mirko kam uns zu Hilfe. »Alles gut und schön, Nikolaj Stephanowitsch«, sagte er trocken, »es gibt aber auch noch so etwas wie Höflichkeit, zumindest Elsa und mir gegenüber. Reich ihnen die Hand!«
Der Sibirier schnaufte, zuckte die Schultern und streckte uns die Hand entgegen. Wir setzten uns. Mirko ging zu einem Schrank und kam mit einer Flasche und Gläsern zurück. »Ein Gläschen Pilzschnaps?« fragte er Nikolaj. Der Gast machte eine Handbewegung, die »Schenk nur ein!« bedeuten sollte. Auch uns wurde ein kunstvoll geschliffenes randvolles Glas Schnaps vorgesetzt. Als wir uns noch etwas befangen zugeprostet hatten, erschien zum ersten Mal ein Lächeln auf Nikolajs Gesicht. »Wie ihr es hier in Lappland bloß immer wieder fertigbringt, einen so köstlichen Schnaps aus Pilzen zu brennen«, sagte er, »das wundert mich immer wieder!«
Er hatte recht. Es war ein merkwürdig angenehmes Getränk.

Trotz allem musterten wir Nikolaj mit Respekt. Er war wirklich ein Riese von Heinzelmann, und er strahlte eine Unverzagtheit aus, die ganz zu seinem harten Leben in der unendlichen Taiga paßte, einem Wald, so groß wie halb Europa. Vielleicht war diese Umwelt schuld daran, daß er nicht gerade das sympathischste Heinzelmännchen auf der Welt war.
Er streckte die langen Beine von sich und schien kurz einzunicken. Zweifellos hatte er eine anstrengende Reise hinter sich. Niemand sprach ein Wort. Plötzlich schlug Nikolaj die Augen auf, leerte sein Glas auf einen Zug und sagte: »Vierzig Kilometer von hier entfernt sitzt ein Bär in der Klemme. Wir müssen ihm sofort helfen!«
Aus einer Vorratskammer im Fluchtgang holte Mirko uns im Eiltempo Sägen, Seile, Messer, Ohrenschützer, lange Unterhosen und Unterjacken, und kurz darauf rasten wir auf Skiern davon. Die Geschwindigkeit der Heinzelmännchen war mörderisch. Alle Viertelstunde mußte Mirko uns Kümmelsamen geben, sonst hätten wir nicht durchgehalten. Es war 35 Grad unter Null, dabei aber windstill. Der Schnee lag hier und da mehrere Meter hoch, aber nirgendwo sanken wir ein.

An einem steilen Hügel sahen wir in einem Baum in einer Astgabel eingeklemmt einen eingeschneiten Bären hängen. Er bewegte sich nicht, atmete kaum, und seine Augen blickten matt. Der Druck auf seine Rippen mußte ihm die Luft abschneiden, und er war zweifellos halb erfroren. Eiligst begannen Mirko und Nikolaj, den rechten Ast der Gabel von außen mit ihren Äxten einzukerben. Als der Einschnitt tief genug war, kletterten sie, jeder mit einem Seil in den Händen, in den linken Ast.
»Stellt euch unter den Bären!« rief Mirko uns zu. »Wenn wir die Seile hinunterlassen, müßt ihr sie unter Hals, Vorderbeine und Hinterleib des Bären hindurchführen und dann wieder hochwerfen.«

Wir kletterten auf den Baum bis kurz unter den fast leblosen Bären. Der behaarte, mit gefrorenem Schnee bedeckte Körper beeindruckte uns sehr. Nach dreimaligem Hochwerfen hatten die Heinzelmännchen die anderen Enden der Seile alle wieder in der Hand und banden sie am Stamm fest.

»Jetzt die Innenseite der Gabel ansägen!« sagte Mirko, »Vorsicht, denn gleich stürzt dieser Ast in die Tiefe.« Zu viert sägten wir weiter. Der Baum begann zu krachen und gab etwas nach. Wir sägten noch ein paar Zentimeter. Das Krachen wurde lauter. Der Bär gab einen tiefen Seufzer von sich. Nikolaj schrie ein unverständliches Wort mit viel rollenden R's darin.

Und dann, nach einem weiteren Zentimeter, löste die Krone des rechten Stammes sich mit viel Lärm und Schneegestöber von der anderen Krone und fiel mit einem ohrenbetäubenden Krachen auf den steilen Hang. Jetzt zeigte sich, wie gut wir daran getan hatten, den Bären festzubinden. Er wäre sonst vier Meter tief gefallen, und das wäre ihm mit seinem eiskalten, erstarrten Körper nicht gut bekommen, besonders da er, wie der abgesägte Stamm, noch viel weiter hinabgerutscht wäre.
Die Heinzelmännchen kletterten mit rasender Geschwindigkeit wieder hinauf, und wir folgten ihnen. Langsam ließen wir die Seile wieder herab. Der Bär war bestimmt über vier Zentner schwer, aber wir schafften es, indem wir die Seile hinten um den Stamm gleiten ließen, was ihren Widerstand steigerte und die Kräfte verteilte. Offensichtlich waren die Seile stark wie Eisen. Endlich sank der Bär mit einem leisen Plumps in den Schnee. Als wir wieder unten waren und im Kreis um ihn herumstanden, entnahm Mirko seiner Tasche eine Flasche Arnika und begann, ihm damit die gequetschten Rippen einzureiben. Währenddessen goß Nikolaj dem Tier Lobelin zwischen die Lefzen, um die Atmung anzuregen. Wir beide rieben mit ganzer Kraft alle Glieder des Bären mit Schnee, um seinen Kreislauf in Gang zu bringen.
Nach einer halben Stunde atmete er merklich besser. Er versuchte, sich aufzurichten, fiel aber jedesmal wieder um.

Eine Viertelstunde später versuchte er es erneut. Diesmal blieb er auf den Beinen. Schwankend und wie betäubt stand er im Schnee. Seine kleinen Augen blickten traurig, aber auch ein bißchen dankbar drein.
»Wie weit ist dein Bau von hier entfernt?« fragte Mirko.
»Eine Stunde«, brummte der Bär tief im Rachen.
»Schaffst du das?«
Aber der Bär war schon losgetrottet. Schlurfend und immer wieder ausrutschend ging er den Hang hinunter, fiel noch ein paarmal hin und verschwand dann im dichten Wald.
»Er schafft es schon«, sagte Mirko zuversichtlich. »Er hat noch ein paar schwere Wochen vor sich. Ich denke, daß der Sturm ihn aus seinem Winterschlaf geweckt hat.«
Zu Hause wurde die Stimmung wieder gedrückt. Der kleine Ausflug zum Bären war eine willkommene Unterbrechung des Lebens unter der Erde gewesen und hatte uns Nikolajs Vorwürfe vorübergehend vergessen lassen, aber drinnen ging wieder etwas Bedrohliches von ihm aus – wie vorher. Schweigend nahm er eine gigantische Mahlzeit zu sich, spülte diese mit reichlich Wein herunter, legte sich dann wortlos in die für ihn quer durchs Wohnzimmer gespannte Hängematte und schlief bald mit lautem Schnarchen.

In der folgenden Nacht eröffnete er uns ohne Umschweife, daß wir mit ihm nach Sibirien sollten, es sei unabänderlich. Wir hatten uns bei ihm für unsere leichtsinnigen Worte in unserem ersten Buch entschuldigt, aber er hatte nur mit den Schultern gezuckt.
»Eine wunderbare Gelegenheit zur Vervollkommnung eurer Allgemeinbildung«, heuchelte Mirko, der mit dieser Entwicklung offensichtlich auch nicht gerechnet hatte. Wir warfen bestürzt ein, daß dies niemals der Zweck unserer Reise gewesen sein könne, und fragten: »Und wer macht uns dann nachher wieder groß?«
»Das können wir in Sibirien auch!« erwiderte Nikolaj barsch.
Es war hoffnungslos. Durch unsere Reise nach Lappland hatten wir uns den Heinzelmännchen vollkommen ausgeliefert. Und in unserem ersten Buch stand natürlich tatsächlich eine Menge Unsinn.
»Ich schicke eure Sachen nach«, sagte Mirko.
»Aber warum müssen wir denn überhaupt nach Sibirien?«
»Um zu erfahren, weshalb wir euch eigentlich gerufen haben«, antwortete Mirko.
Wir machten noch einen Versuch: »Wie wäre es, wenn du uns jetzt schon wieder aufs gewohnte Maß bringen würdest, damit wir gleich nach Hause können?«
Aber Mirko wischte diesen Verzweiflungsvorschlag mit einer Handbewegung beiseite. Es hätte das Ende unseres Vertrauensverhältnisses zu den Heinzelmännchen bedeutet.
»Ich könnte schon, will aber nicht«, antwortete Mirko.
»Später werdet ihr alles besser verstehen.«
Es war nichts zu machen. Das einzige, was wir noch vorbringen konnten, war, daß wir bei uns zu Hause anrufen wollten, um zu sagen, daß wir viel später als vorgesehen heimkehren würden, obwohl für unsere Rückkehr natürlich nie ein fester Termin vereinbart worden war. Mirko willigte gern ein, und Nikolaj war es egal.

Mitten in der Nacht gingen wir zu einem kleinen Dorf in einigen Stunden Entfernung von Mirkos Haus. Alles lag in tiefem Schlaf, und es herrschte Grabesstille. Während wir uns dem größten Bauernhof von der Rückseite näherten, kam ein geräuschloser Schatten auf uns herabgeschossen. In dem Augenblick, als wir die schon fast zugreifenden Krallen über uns sahen, erkannten wir eine Waldohreule, und sie erkannte uns. Mit einem halb enttäuschten, halb enschuldigenden Schrei stieg sie wieder auf und verschwand in der Dunkelheit.

Durch ein altes Rattenloch gelangten wir unter das Haus und betraten durch einen Spalt im Bretterboden das Wohnzimmer. Dort hing ein altmodischer Telefonapparat. Es dauerte eine Ewigkeit, bis der Hörer irgendeine Reaktion von sich gab, doch schließlich kam über eine müde Stimme in Helsinki eine knatternde Verbindung mit unseren Ehefrauen zustande. Die waren schlaftrunken, aber doch froh, endlich von uns zu hören. Weniger groß war die Freude, als sie hörten, daß wir noch einige Zeit fortbleiben würden. Zwischen Ohrmuschel und Mundstück hin- und herspringend, erklärte wir ihnen, daß wir es nicht ändern konnten.

Als wir ziemlich erregt den Hörer auflegten, meinte Mirko: »Ihr seht der Reise vielleicht mit Angst entgegen, aber sie wird noch ein großartiges Erlebnis, wartet nur ab!«

In diesem Augenblick fehlte uns hierfür jegliches Verständnis, und wir versuchten noch einmal, ihn umzustimmen, indem wir ihm erzählten, daß zu Hause die Wände neu tapeziert

werden und Zwinger für unsere Tiere gebaut werden müßten, aber er machte nur eine lässige abwehrende Handbewegung, holte dann ein Goldklümpchen aus seiner Brusttasche zum Vorschein und legte es neben das Telefon. »Damit dürften die Gebühren wohl gedeckt sein«, sagte er. Dann traten wir den Rückweg an. Alle schwiegen.
Zwei Nächte später sollten wir abreisen. Zuvor aber wollte Mirko noch einmal ein Gespräch mit uns führen. Es fand in der folgenden Nacht in der Saunahütte statt. Unsere Freude über die Offenbarung des Geheimbuches hatte sich aufgrund der Ereignisse etwas gelegt, nicht zuletzt, weil wir nicht alle Bände zu sehen bekommen hatten. Einmal hatten wir darum gebeten, sie uns zu zeigen, aber Mirko hatte schweigend den Kopf geschüttelt. »Gerade darum geht es ja«, sagte er, »für den Kern seid ihr noch nicht reif.« Später werdet ihr mehr erfahren.
Er wurde sehr ernst. »Glaubt nicht, daß wir leichtfertig handeln. Ich möchte euch das ganze Geheimbuch noch nicht zum Lesen geben, nicht zuletzt, weil jetzt viel zu wenig Zeit dafür wäre. Und im übrigen muß jedes Heinzelmännchen nach dem Abschreiben des Geheimbuches, das aus sieben Bänden besteht und wozu etliche Jahre nötig sind, einen Reifeprozeß durchmachen, der nicht mit Worten zu beschreiben ist.«
»Warum nicht?«
»Aus dem einfachen Grunde, weil ihr keine Heinzelmännchen seid!« Es klang strenger als sonst.

Alles schien ziemlich rätselhaft, aber es war zwecklos, weiter auf ihn einzureden. Wir standen offenbar vor einer Pforte, die die Heinzelmännchen uns noch nicht öffnen wollten. Hinter dieser lag die Lösung des Rätsels, weshalb und auf welche Weise die Heinzelmännchen eine Reihe von Fähigkeiten erworben hatten, die die ganze Menschheit wohl kaum je besitzen wird. Die Heinzelmännchen hatten immer die Gewohnheiten der Tiere beibehalten, und zwar in völliger Übereinstimmung mit praktisch angewandter Vernunft. Dank ihrer vollkommenen Harmonie mit der Umwelt kannten sie deshalb trotz ihres hochentwickelten Verstandes keine Neurosen. Sie betrieben keinen Personenkult, strebten weder nach Macht noch nach persönlicher Bereicherung. Sie hatten das ideale Kollektiv gebildet, sich dem Naturgesetz gebeugt, das die Art über das Individuum stellt, aber dabei die durch das Bewußtsein bedingten Widersinnigkeiten überwunden. Und das alles nun schon seit Jahrtausenden, ohne Streit, Eigennutz und Gewalt.
Wir waren nach Lappland geholt worden, um zu erfahren, was und wo alles geschrieben stand. Doch wir waren gewogen und zu leicht befunden worden, um schon jetzt an allem Wissen teilzuhaben. Es war eine harte Lektion.
»Aber«, sagte Mirko, als er unsere Niedergeschlagenheit bemerkte, »vieles wird in den nächsten Wochen von euch selber abhängen. Ihr habt noch viel Zeit, wartet geduldig ab. Auf jeden Fall wird das, was ihr bis jetzt schon im Geheimbuch gesehen habt, euch auf der Reise nach Sibirien ausgezeichnet zustatten kommen. Lebt wohl!«

Ende des ersten Teiles

Die Reise nach Sibirien

Allmählich begriffen wir, wie alles organisiert war. Mirko sollte uns nach Lappland kommen lassen, um uns dort das Geheimbuch zu zeigen, das während der Sonnenwendzeit magische Eigenschaften besaß. Doch sollten wir diesmal noch nicht alle Bände zu lesen bekommen. Soweit war die Sache Angelegenheit der westlichen Heinzelmännchen. Gleichzeitig sollte Mirko ein sibirisches Heinzelmännchen, dessen Volk sehr über die Bemerkungen in unserem ersten Buch erbost war, zu einem Besuch nach Lappland einladen. Dieses Heinzelmännchen sollte uns mit nach Sibirien nehmen. Und das war Angelegenheit der östlicher wohnenden Heinzelmännchen. Jedenfalls vermuteten wir es.
Verabredet war, daß wir in einer Troika reisen sollten, Endstation war der Jenissei, ein gut dreitausend Kilometer entfernter Strom. Hatte die Reise nach Lappland uns damals schon einen Druck in der Magengrube besorgt, so war sie im Vergleich zu dem, was uns jetzt bevorstand, ein Kinderspiel, besonders da es nach wie vor Winter war und wir von einem gereizten Riesen begleitet wurden! Außerdem war es ein Rätsel, wie die kleinen Lemminge, die uns als Zugtiere zugedacht waren, die gewaltige Strecke bewältigen sollten.

Sibirien! Dreimal so groß wie Rußland. Temperaturen bis minus fünfzig Grad Celsius. Die Taiga, ein schier endloser Nadelwald mit riesigen Überflutungsgebieten und Sümpfen; die Tundra; der Dauerfrostboden. Die gewaltigen Flüsse wie der Jenissei, der Ob, die Lena, die paradoxerweise nach Norden strömen, wodurch die südlichen Schmelzwassermassen im Frühjahr nicht abfließen können, da der Unterlauf der Flüsse noch zugefroren ist, und dadurch immer wieder Überflutungen verursachen.
Endlich war es soweit. Die Troika stand, mit drei kräftigen russischen Lemmingen im Geschirr, vor Mirkos und Elsas Haus. Wir luden unser Gepäck ein und das Buch für unsere Aufzeichnungen, das Mirko uns am ersten Tag geschenkt hatte, und nahmen auf herzlichste Weise Abschied.
Wir stiegen ein, und die Lemminge trabten sofort los, während wir uns mit der schweren Decke aus Mammutwolle zudeckten. Die Lemminge brauchten nicht gelenkt zu werden, sie fanden selbst ihren Weg.
Schweigend betrachteten wir die vorübergleitende Landschaft. Sie war unberührt und sogar im Dunkeln schön, aber in uns nagte die Ungewißheit, und wir fragten uns, ob wir die entsetzliche Kälte weiter im Osten ertragen würden. Nikolaj

sagte kein Wort und nickte immer wieder mit einem gedehnten Schnarchen ein; er war wieder nicht ganz nüchtern.
In regelmäßigen Abständen machten die Lemminge Pause, um auszuruhen. Sie wurden dann mit dem Korn gefüttert, das Mirko uns mitgegeben hatte. Der Wind wehte leicht von Osten.
Gegen Morgen mußten die Lemminge eigentlich erschöpft sein, aber sie stürmten immer weiter, anscheinend getrieben von einer Kraft, die stärker war als sie. Manchmal standen sie plötzlich still, um ihre Nase in den Wind zu richten, und dann rannten sie wieder kleffend, piepsend und knurrend davon.
Schließlich gingen sie auf einer Hochfläche durch. Es war gegen zehn Uhr vormittags. Der steil abfallende Rand des Plateaus kam mit rasender Geschwindigkeit näher, und wir fürchteten, mitsamt der Troika in die Tiefe gerissen zu werden. Nikolaj richtete sich auf, zog das Messer und kappte mit einigen schnellen Bewegungen das Zuggeschirr. Während die Lemminge vor uns über den Rand verschwanden, glitt der Schlitten noch ein Stück vorwärts und kam genau am Rande des Plateaus zum Stehen. In der ersten Dämmerung sahen wir im engen Tal unten etwas, das einem bräunlichen Fluß glich. Aber schon bald erkannten wir, was es war: Ein endloser Zug von Lemmingen bewegte sich rastlos gen Süden. Es waren ohne Zweifel Zehntausende. Wir waren auf eine Lemmingwanderung gestoßen, ein Ereignis, das alle fünf bis acht Jahre stattfindet, diesmal allerdings ungewöhnliche Ausmaße angenommen zu haben schien.

Mehrere Jahre hintereinander wird die Fortpflanzung der Lemminge dermaßen begünstigt, daß sie zu Überbevölkerung führt. Die Weibchen werfen manchmal zugleich bis zu zwölf Junge. Die Jungen aus dem ersten und dem zweiten Wurf bekommen noch im Jahr ihrer Geburt selbst auch Junge, so daß der Zuwachs nach dem Gesetz der arithmetischen Reihen völlig aus den Fugen gerät. Unter normalen Umständen ziehen die Lemminge aus ihren Winterquartieren in den Bergen zu den frischen Frühlingsweiden in tiefergelegenen Gebieten und kehren im Herbst wieder ins Gebirge zurück. In Zeiten der Überbevölkerung ist der Wandertrieb aber um ein Vielfaches stärker. Fort geht es aus den großen Ballungsgebieten, wo Krankheiten und Hungersnot drohen. Zunächst besteht der Zug nur aus einigen Dutzend Tieren, aber schon bald sind es Hunderte, Tausende und schließlich Zehntausende.

Jedes Tier hat nur den einzigen Trieb: so weit wie möglich fortzuziehen, immer weiter dem Horizont entgegen, sogar sinnlos die Gletscher hinauf. Mühelos überqueren die Tiere Flüsse und Seen, aber schließlich erreichen sie das Meer, glauben auch dieses bewältigen zu können, stürzen sich – manchmal aus großer Höhe – hinein und ertrinken dann in Massen. Unnötig zu sagen, daß Raubtiere auf dem Land und im Wasser schonungslos dazu beitragen, die sich vorwärts plagenden Kolonnen zu dezimieren. Es ist erschütternd, den Mut der kleinen Nager zu beobachten: Sogar gegen Fuchs und Wolf wagen sie, auf den Hinterbeinen aufgerichtet, den Kopf im Nacken, den Angriff.

Wir beobachteten, wie unsere Lemminge unten in der Tiefe vom Strom ihrer Artgenossen aufgenommen wurden. Vorsichtig führten wir die Troika über den Rand der Hochfläche und versteckten sie in einer Felsspalte. Beim Ausladen unseres Gepäcks sagte Nikolaj zum ersten Mal etwas halbwegs Freundliches: »Sehr schön! Jetzt redet ihr wohl vorläufig nicht mehr vom Zurückreisen!«
Wir gingen durch das Tal auf einen Wald zu. Dabei mußten wir den Zug der Lemminge durchqueren, wurden aber von ihnen nicht umgerissen.
Nikolaj sagte: »Sie gehen alle zugrunde. Aber das ist schon seit Jahrhunderten so.«
Er schien tatsächlich entgegenkommender zu werden. Auch wirkte seine Grobheit ein wenig gespielt.
Im Wald witterten wir schon bald einen Fuchs. Nikolaj pfiff laut durch die Finger, und wenige Minuten später stand ein durchdringend riechender Polarfuchs vor uns. Nikolaj flüsterte ihm etwas ins Ohr. Der Fuchs schien zögernd zuzustimmen. »Er bringt uns ein Stück weiter nach Osten«, sagte Nikolaj, »obwohl er lieber die Lemminge begleiten würde.«
Wir sprangen auf den Rücken des Fuchses und klammerten uns im tiefen, dichten Unterhaar seines Pelzes fest. In federndem Galopp schoß er davon, und wir fühlten, wie seine Muskeln sich unter der elastischen Haut abwechselnd spannten und entspannten. Der Wind pfiff durch unsere Haare.
Stunden später rief Nikolaj: »Halt!«
Nachdem wir abgestiegen waren, schickte Nikolaj den Fuchs auf seiner eigenen Spur zurück. »Das geschieht, um die Pelzjäger zu verwirren. Und außerdem muß ich ihn loswerden, in unserem Nachtquartier können wir ihn nicht gebrauchen«, sagte er.

Der Polarfuchs (Vulpes Lagopus) hat wegen seines dicken Fells ein katzenähnliches Aussehen. Im Sommer ist er erdfarben, im Winter weißgrau. Eine Abart ist der Blaufuchs.

Birkhühner graben im Schnee etwa einen Meter lange gewundene Gänge. An deren Ende befindet sich eine Mulde, in der sie auf dem Schnee sitzen. Durch ihre Körperwärme entsteht über ihren Köpfen ein kleines Luftloch. Wenn sie den Kropf voll Heide und Birkenknospen haben, verbringen sie oft den ganzen Tag in dieser Höhle.

Auf einer mit vereinzelten Birken bewachsenen Heidefläche liefen wir auf Skiern zu einem Schneewall, neben dem dicht beschneite Sträucher standen. Als Nikolaj ein paar Zweige zur Seite bog, wurde der Eingang zu einer Höhle sichtbar. Er ging hinein und unterhielt sich im Innern mit jemandem. Als er wiederkam, sagte er: »In Ordnung. Wir können hier heute bleiben. Ich werde euch mit unserem Gastgeber bekanntmachen, einem Birkhahn.«
Wir stellten unsere Skier aufrecht in den Schnee und betraten die Höhle. Der Birkhahn betrachtete uns ohne Furcht. Er hob einen Flügel an, und wir machten es uns an seinem warmen Körper bequem. Dann deckte er den Flügel leicht über uns. Wir spürten die Atmung und den Herzschlag des Vogels dicht neben uns, waren jedoch so müde, daß wir gleich einschliefen. Als wir aufwachten, mußte es Abend sein. Während wir noch dösend unser weiches Federbett genossen, kamen wir wieder auf die Lemminge zu sprechen. Nikolaj war nicht so liebenswürdig wie am Morgen, mischte sich aber doch ein.
Dabei blieb er ganz Heinzelmännchen. »Es gibt in der Natur tausend Gesetze«, sagte er, »gegen die wir machtlos sind. Wenn ein Tier in Not ist, sind wir bereit zu helfen, wie im Falle des Bären. Wenn es sich aber um ein Naturgesetz handelt, tun wir nichts. Das Gleichgewicht stellt sich von selbst wieder her, auch wenn dies grausam erscheint. Die Tiere fressen einander auf, rotten einander aber nie ganz aus, das macht nur ihr Menschen. Wenn der Luchs Rehe tötet, so ist das seine Angelegenheit. Mit den kranken, schwachen und alten Tieren wird aufgeräumt. Das ist nicht grausam, das ist lediglich gnadenlos, ein großer Unterschied. Es hat immer einen Sinn. Sinnlos töten nur degenerierte Geschöpfe.
Der Luchs ist der Erbfeind des Rehwildes. Wenn es in einer bestimmten Gegend viele Luchse gibt, werden die Rehe gnadenlos dezimiert. Es bleiben aber immer ein paar kräftige und intelligente Exemplare übrig. Dadurch stehen für die Fortpflanzung nur besonders gute Tiere zur Verfügung, so daß die wenigen, die es in einem solchen Gebiet gibt, stets die besten Eigenschaften ihrer Art weitervererben.«
Als wir die Höhle verließen, bildete der Sternenhimmel eine mächtige Kuppel über uns. Wir schnallten uns die Skier unter und zogen eine Runde durch die nähere Umgebung. An einigen Stellen war der Schnee beiseitegeschoben und die darunterliegende Heide abgeweidet. Daneben waren Löcher im Schnee, von denen ein starker Tiergeruch ausging und die ebenso tief waren wie groß. »Elche«, murmelte Nikolaj.
Als wir wieder bei der Höhle des Birkhuhns angelangt waren, war es Mitternacht. Nikolaj ging nun eßbare Pflanzen suchen und sagte: »Nutzt die Zeit, um an eurem Buch zu arbeiten, ich bin in einigen Stunden zurück.«

Als er mit beiden Armen voller Pflanzen zurückkam, bauten wir einen Erdofen. Wir hoben ein viereckiges Loch im Boden aus. In dieses wurden flache Steine gelegt, auf denen wir zwei Stunden lang ein kräftiges Feuer brennen ließen. Die glühende Asche wurde anschließend entfernt, und die Steine wurden mit den lederartigen Blättern des Nabelkrauts (Umbilicaria sp.) belegt. Darüber legten wir eine dicke Schicht von Rentiermoos (Cladonia rangiferina) zusammen mit Knollen der Knoblauchzwiebel (Allium) und der Hagebutte (Rosa). Darüber kamen wiederum Blätter des Nabelkrauts, wonach das ganze mit einer Schicht Erde abgedeckt wurde. Nach einer Stunde war alles fertig, und die obere Erdschicht wurde entfernt.
Nun lag eine dampfende Masse gedünsteten Gemüses vor uns, das wir gegen Ende der Nacht in aller Ruhe verspeisten.
Nikolaj war brummig, kredenzte uns aber doch eine tüchtige Eichelschale voll Fruchtwein, von dem er trotz des Zurücklassens der Troika eine reichliche Menge bei sich zu haben schien. Allmählich begannen wir ihn zu schätzen: »Wie hast du nur all die Pflanzen im Schnee finden können?« fragten wir.
»Rentiermoos wächst überall. Knoblauchzwiebeln findet man an Stellen, wo sich Wasser im Boden ansammelt. Man kann sie in gewissen Geländewellen ohne Wünschelrute finden. Und Hagebutten hängen unter oder über dem Schnee, mit leichten Frostschäden, aber sie schmecken trotzdem.«
Mutter Erde wurde wieder zu einem faßbaren Begriff. Man mußte ihr nur das richtige Verständnis entgegenbringen.

Um in den langen arktischen Wintern, wenn es kein Gemüse gibt, keinen SCHARBOCK zu bekommen, pflegten die Heinzelmännchen schon immer Tannenzweige in Wasser zu kochen. Die so bereitete Brühe enthält gerade genug Vitamin C, um das Auftreten dieser gefürchteten Krankheit zu verhindern. Als der holländische Seefahrer Willem Barentsz sich 1596 einen eisigen Winter lang auf der Polarinsel Nowaja Semlja aufhielt, drohte unter seiner Mannschaft Scharbock auszubrechen. Die Heinzelmännchen aus Norwegen, Schweden, Finnland und Rußland haben damals mit großen Frachtladungen nach Nowaja Semlja übergesetzt und die Holländer gelehrt, die Zweige abzukochen. Für den Transport setzten sie Hunde, Seehunde und Eisbären ein. Auf diese Weise überlebten die Holländer den ersten entbehrungsreichen Winter. Leider nahm es dann im zweiten Winter auf See ein schlimmes Ende mit ihnen, aber da waren die Heinzelmännchen machtlos.

Scharbock ist übrigens ein altmodisches Wort, wahrscheinlich durch einen Hörfehler von dem richtigen Namen, Skorbut, abgeleitet. Durch Mangel an Vitamin C entstehen Blutergüsse in den Gelenken, unter der Knochenhaut der Arm- und Beinknochen und im Zahnfleisch. Wenn nicht rechtzeitig Vitamin C verabreicht wird, führt die Krankheit zu einem äußerst qualvollen Tod.

Man kann auch das Blut eines Wolfes oder eines Hundes trinken, denn diese Tiere produzieren ihr eigenes Vitamin C. Einfacher ist es, das Blut aus dem Bastgeweih eines Rentiers abzuzapfen. Das Tier wird dadurch nicht getötet. Das Bastgeweih wächst zu Beginn des Frühlings, wenn die Nahrung den niedrigsten Vitamin-C-Gehalt hat.

Rentiermoos (Cladonia rangiferina)

Gegen Morgen kam unser Birkhahn nach draußen. Seine Farben waren eine Pracht, aber seine Augen blickten sorgenvoll.
»Er hat Probleme«, sagte Nikolaj. »Es gibt einen Auerhahn hier in der Nähe, der nicht nur alle Auer-Ehen gefährdet, sondern auch fortwährend die Balz der Birkhühner stört. Ich denke, daß ich etwas dagegen unternehmen muß.«
»Kannst du das denn?« fragten wir.
Er runzelte die Stirn, pfiff nachdenklich vor sich hin und sagte: »Nun denn. Wenn's sein muß. Also, ich werde es euch verraten: Ich reise als Friedensrichter durchs Land, und man erwartet vor mir, daß ich in allen möglichen Streitfällen Recht spreche. Wenn mich eine Klage erreicht, muß ich mich darum kümmern, dazu bin ich durch meinen Auftrag verpflichtet. Ich habe die Gerichtsverhandlung für heute abend um sieben anberaumt. Jetzt gehen wir erst einmal schlafen. Unser Birkhahn ist inzwischen zu aufgeregt, um uns weiter zu beherbergen, aber wir finden schon einen anderen.«
Ein Heidestück weiter fanden wir eine zweite Schneehöhle mit einer Birkhenne in der Mulde. Es war ein liebes Tier, das uns während des Tages fürsorglich Obdach gewährte, obwohl es drei Küken warmzuhalten hatte. Wir waren so müde, daß wir gleich einschliefen.
Als wir um fünf Uhr nachmittags erfrischt aufwachten und wie am Vortage noch ein Weilchen vor uns hindösten, hatten wir eines dieser »Gespräche unter dem Flügel«, die wir zeit unseres Lebens nicht mehr vergessen werden. »Wißt ihr, warum Wildwechsel* immer in leichten Windungen verlaufen?« fragte Nikolaj. »Es kommt daher, daß Tiere auf geheime Zeichen reagieren, beispielsweise auf Strahlen und magnetische Wellen, die dem Menschen verborgen bleiben. Vielleicht hat der Mensch in der Urzeit Sinnesorgane zur Wahrnehmung solcher Zeichen gehabt, heute aber jedenfalls nicht mehr. Seine »Antenne« hierfür ist ihm abhanden gekommen. Ein Schlittenhund, zum Beispiel ein Husky, kann durch die Kombination von Instinkt und großer Erfahrung an einer Farbnuance des Schnees, einem veränderten Echo, einem bestimmten Geruch oder einer ungewöhnlichen Vibration des Untergrundes eine vom Schnee verdeckte Spalte im Eis erkennen und bleibt stehen. Das mache ihm ein Mensch erst einmal nach!«
Nach diesem Gespräch verabschiedeten wir uns von der Birkhenne. Sie war uns offensichtlich dankbar. Sie schien unseren Besuch als eine Ehre empfunden zu haben, und wir hatten ihren Mutterinstinkt befriedigt.
Inzwischen waren wir sehr gespannt auf die kommende Gerichtsverhandlung. Auf unseren Skiern liefen wir hinter Nikolaj her zu einem dichten Wäldchen am Horizont. Als wir es erreichten, war eine Stelle im Schnee unter den Bäumen bereits freigekratzt worden. In der Mitte lag ein runder Stein. Nikolaj entnahm seinem Gepäck eine schwarze Robe mit langem weißen Beffchen und setzte sich eine rote Zipfelmütze auf den Kopf. Wir sahen unseren Birkhahn von heute morgen, und in einiger Entfernung standen mehrere Auerhähne. Ansonsten waren ein paar schreckhafte Schneehühner und noch einige andere Zuschauer da.

* Wildwechsel = ein vom Wild regelmäßig begangener Pfad

Nachdem Nikolaj sich in seiner langen Robe auf den Stein gestellt hatte, hörte er zuerst den Birkhahn an, dem sogleich eine Menge von allen Seiten herbeigeeilter Birkhühner Beifall spendete. Danach traten verschiedene Auerhähne als Zeugen auf. Es zeigte sich, daß der betreffende Auerhahn es wirklich arg getrieben und daß er auch die Küken nicht in Ruhe gelassen hatte. Als er schließlich erschien, war seine Einrede wenig überzeugend. Ehrlich gesagt, hatten wir den Eindruck, daß er nicht ganz normal war. Während der Vernehmungen, für die Nikolaj sich reichlich Zeit nahm, bekamen wir immer mehr Respekt vor ihm. Seine Autorität, seine Zusammenfassung der Fakten und auch sein Humor beeindruckten uns sehr. Wir sagten uns heimlich, daß wir ihm nicht gern in die Finger fallen würden, wenn wir etwas auf dem Kerbholz hätten.

Nachdem Nikolaj den gesamten Sachverhalt untersucht hatte, sprach er das Urteil. Bei Strafe des Flügelstutzens erkannte er dem Auerhahn das Recht ab, pro Saison mehr als eine Henne zu begatten, und hieß ihn, sich aller übrigen störenden Aktivitäten zu enthalten, was das Publikum mit lautem Beifall begrüßte. Damit wurde die Sitzung geschlossen, denn es waren in diesem Bezirk keine weiteren Strafanträge gestellt worden.

»Tut er jetzt auch, was du ihm zur Auflage gemacht hast?« fragten wir Nikolaj.
»Worauf ihr euch verlassen könnt!« sagte er grimmig. »Dafür habe ich Tiere als Hilfstrupps!«
Als er wieder seine gewöhnliche Kleidung trug, machten wir uns weiter auf den Weg. Es war eine kalte, aber windstille Polarnacht, und wir fühlten uns sehr wohl. Der Schnee knirschte leise unter unseren dahingleitenden Skiern, und

durch unsere Nasen atmeten wir die reine Luft. Unser Respekt vor Nikolaj war gewachsen. Seine rauhe Schale verbarg einen bedeutenden Intellekt, und er war einer langen Tradition verhaftet.

Wir hatten das Gefühl, daß wir nicht ohne Grund gerade von ihm nach Sibirien mitgenommen worden waren, aber danach würden wir ihn erst später einmal fragen.
»Bekommst du viele solcher Gesuche?« fragten wir, als wir einen Augenblick ausruhten.
»Es hört nie auf«, antwortete er. »Die Flut der Anträge ist fast unüberschaubar. Ich bin ständig unterwegs. Streitigkeiten zwischen Tieren, Pflanzen, Steinen und sogar Flüssen. Eigentumsdelikte, Schadensersatzfälle, Diebstahl, Betrug. Wir arbeiten zu dritt in einem Gebiet von Lappland bis zum Jenissei, aber wir könnten gut einen zusätzlichen Mann gebrauchen. Am liebsten stehe ich auf einem Pilz, während ich Recht spreche, aber jetzt im Schnee gab es natürlich keinen. Mein Vater und auch mein Großvater schon waren ebenfalls Friedensrichter. Sie haben jeweils ihren Sohn diesen Beruf gelehrt. Zur letzten Ausbildung müssen wir ein paar Jahre an den Königshof. Mein Großvater hat noch verfügt, daß Füchse und Dachse im selben Bau wohnen dürfen, ohne sich gegenseitig nach dem Leben zu trachten. Und vor noch viel längerer Zeit wurde dahingehend erkannt, daß ein Rehbock oder jedes andere männliche Tier einen Eindringling aus seinem Revier vertreiben darf, und zwar bis zur Grenze oder kurz darüber, dann aber darf er ihn nicht weiter angreifen. Und auf die Einhaltung dieser Regelung wird streng geachtet.
Mein Großvater hat noch die berühmte Sache zwischen Wolf und Fuchs erlebt. Der Fuchs und der Wolf streiften ausgehungert durch das Land, als sie eine Stute entdeckten, die mit ihrem Fohlen auf einer Wiese weidete. Der Fuchs schickte den Wolf zur Stute, um zu fragen, ob sie ihr Fohlen verkaufen wolle, und blieb selbst in Deckung hinter dem Zaun. »Aber sicher doch!« antwortete die Stute dem Wolf, »nur den Preis habe ich im Augenblick vergessen, er steht unter meinem rechten Hinterhuf geschrieben. Würdet Ihr selbst bitte einmal nachschauen, Herr Wolf?« Sie hob das Hinterbein und verpaßte dem wißbegierig auf den Huf blickenden Wolf einen so gewaltigen Tritt, daß er stundenlang besinnungslos blieb. Der Wolf erhob daraufhin Klage gegen den Fuchs, und über diese Klage hat mein Großvater befinden müssen. Der Wolf bekam weder Schadensersatz noch Schmerzensgeld zuerkannt, da er aus freien Stücken zur Stute gegangen war und selbst klüger hätte sein müssen. Mein Großvater erteilte dem Fuchs allerdings die ernste Verwarnung, nicht noch einmal einen so üblen Streich zu spielen.«
Wir setzten unseren Weg fort, und Nikolaj fügte hinzu: »Und dann gibt es immer wieder Schadensersatzklagen. Bäume beschweren sich, daß die Kaninchen ihre Wurzeln durchnagen oder freiwühlen.

Man muß der Heckenwinde Einhalt gebieten, die Erlen und Weiden erstickt, und den Wanderameisen, die auf ihrer Wanderung alles angreifen und auffressen. Und es gibt Strafanträge aus der Insektenwelt gegen die roten Waldameisen. Ein Waldameisenstaat besteht aus rund einer Million Einzeltieren, die pro Tag hunderttausend Insekten vertilgen. Und so weiter und so fort. Voriges Jahr hatte ein Rudel Hirsche eine Steinlawine verursacht, durch die ein Fluß völlig abgedämmt wurde. Ein Gebiet mit vielen am Boden brütenden Vögeln wurde überflutet, und zwar ausgerechnet während der Brutzeit. Es geschah am Frühlingsanfang, so daß noch Zeit war, neue Nester zu bauen. Da habe ich die Hirsche dazu verurteilt, je drei Nester gegen Raubwild und andere Gefahren zu beschützen. Sie mußten bei den Nestern bleiben, bis die Küken ihre Mütter begleiten konnten. Natürlich wurde dagegen wieder Beschwerde erhoben seitens der Füchse, Marder, Igel, Krähen und Elstern, aber die habe ich abgewiesen!

Immer wieder habe ich es mit Bären zu tun, die Honig aus einem Bienenkorb gestohlen haben. Die Bienen kommen zu mir und fordern Schadenersatz, da sie selbst dem Bären gegenüber machtlos sind. Bienenstiche machen ihm nichts aus, außer wenn sie seine Augenwinkel oder Lefzen treffen, aber von den Stellen wischt er die Bienen einfach fort. Außerdem stirbt eine Biene – im Gegensatz zu einer Wespe – nach dem Stich, und das ist auch nicht gerade wünschenswert. Und schließlich brauchen die Bienen den Honig als Nahrung für den Winter. Ich spreche hier jetzt von wilden Bienen, die gibt es nämlich auch. Der Bär leugnet meistens zunächst alles, aber gegenüber 20 000 oder mehr Zeugen der Anklage hat er natürlich keine Chance. Ich müßte ihn dann zur Zahlung einer Buße in Honig oder zumindest Zucker verurteilen, was aber in der freien Natur nicht so einfach ist. Normalerweise kommt der Bär darum mit einer ernsten Rüge davon, aber in der Welt der Bienen macht mich das nicht gerade populär.«

Das Märchen von

Rotkäppchen und dem Wolf

kann kaum auf wahren Begebenheiten beruhen.

Wer nennt ein Mädchen schon Rotkäppchen, und wie könnte es unverletzt aus dem Magen des Wolfes kommen?

Wahrscheinlicher ist es, daß ein tollwütiger Wolf versehentlich ein Heinzelweiblein (mit roter Zipfelmütze) verschluckt hat.

Das Kasperle entstand
aus einem Heinzelmännchen.
Das kam so:
Als geborene Schauspieler führten
die Heinzelmännchen von jeher auf
Kirmessen und Jahrmärkten
ihre Stücke auf

und schenkten das dabei
gesammelte Geld den Armen.

Da in ihren Possen soviel
Geist und Weisheit steckte,
hatten sie überall mehr
Erfolg als die anderen
Schausteller

und zogen so den Neid von
Possenreißern, Bärenführern,
Quacksalbern, Feuerfressern und Gauklern auf sich.

Aus diesem Grunde wurden sie im Laufe des 16. und
17. Jahrhunderts von den Schaubudenplätzen vertrieben.

Natürlich haben klevere Burschen damals schon geschaltet, daß mit diesem Spaß Geld zu verdienen war.

Sie stellten Heinzelmännchenpuppen her, mit denen sie das einfache Volk an der Nase herumführten.

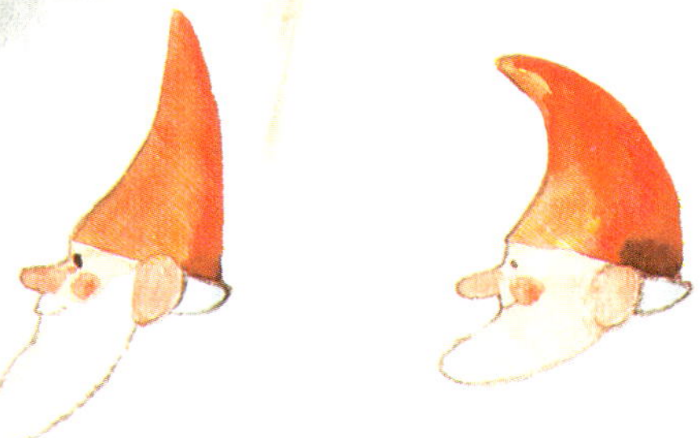

Im Laufe der Jahre wurde aus dem Bart des Heinzelmännchens das vorstehende Kinn des heutigen Kasperles, und die Zipfelmütze wurde allmählich nach vorne gebogen.

Noch später entwarf die Spielzeugindustrie das alberne Stehaufmännchen,

das traurige Hampel-Heinzelmännchen

und den dümmlichen Gartenzwerg,

der höchstens den Hunden etwas nützt,

wenn sie einmal das Bein hochheben müssen.

Im dichten Wald witterten wir Elche. Wir waren auf einen Wechsel gestoßen und mußten achtgeben, nicht Hals über Kopf in die tief eingetretenen Fußspuren der Elche zu purzeln. Hier und da mußten wir auch ihrer Losung ausweichen.

Der Fußabdruck eines Elchbullen ist elf bis fünfzehn Zentimeter lang und elf bis dreizehn Zentimeter breit. Die Losung liegt fast so hoch, wie ein Heinzelmännchen groß ist.

Elche und in geringerem Maße auch isländische Pferde haben einen gewölbten Nasenrücken, den sie quasi als Pflug einsetzen, wenn sie den Schnee zur Seite schieben, um ihre Äsung freizulegen. Ihre Nüstern sind so weit nach hinten gerichtet, daß dabei kein Schnee eindringen kann.

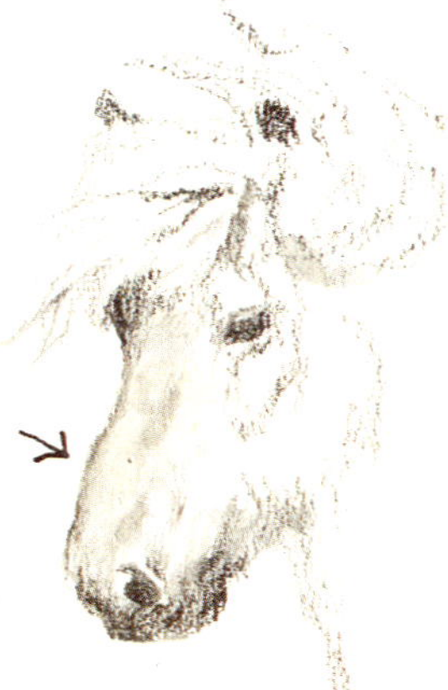

Schließlich hörten wir vor uns etwas schnauben. Wir stießen auf zwei Elchbullen, einen alten und einen jungen. Der alte trug kein Geweih. Sie standen turmhoch neben uns und beugten ihre gewaltigen Köpfe zur Erde. Nikolaj unterhielt sich mit ihnen. Er schien mit ihnen weniger Schwierigkeiten zu haben als mit dem Fuchs. »Der ältere hat gerade das Geweih abgeworfen«, sagte unser Begleiter. »Das wiegt neunzehn Kilo. Er nimmt uns ein Stück mit.«

Eine Stunde später rasten wir hochthronend durch Feld und Wald. Die Luft zog sausend an uns vorbei. Der junge Elch lief neben uns her. Der alte, auf dessen massigem Kopf wir saßen, paßte auf, daß wir nicht von Zweigen, die uns streiften, hinuntergerissen wurden. Die Elche bewegten sich in einem gestreckten Trab, den sie offensichtlich Stunden durchhalten konnten.
Gegen Morgen machten sie halt. Sie versprachen jedoch, am Abend wiederzukommen, um uns noch ein Stück weiterzubefördern. Als sie weg waren, sagte Nikolaj: »Sie haben keinen festen Standort. Sie ziehen einfach umher. Während der Brunft legen sie manchmal Hunderte von Kilometern zurück.«
Als wir nach dem gescharrten Muldennest eines Birkhuhns Ausschau hielten, entdeckten wir auf einer großen, kahlen Fläche die geradlinigen Reihen einer Baumschule. »Die Bäume wurden von Heinzelmännchen angepflanzt«, erklärte Nikolaj, »damit sie ungesehen von einer Deckung in die andere überwechseln können.«
Innerhalb einer Viertelstunde fanden wir die Fährte eines Birkhahns, die uns nach mehreren Kurven, Kreisen und Kreuzungen mit sich selbst zu einem Muldennest führte. Dann verlief alles so wie am Tage zuvor.

Während Nikolaj eßbare Pflanzen suchte, arbeiteten wir, erwärmt vom Feuer im Erdofen, an unserem Buch, das wir jedesmal aus der sicheren Verpackung unten im Rucksack hervorholten. Schon begann eine magische Kraft von dem Buch auszugehen, wenn man es nur in die Hand nahm und das bis jetzt von uns Aufgezeichnete durchblätterte. Wir spürten jedoch, daß es um uns her noch allerlei Rätselhaftes gab.
Nach der Mahlzeit krochen wir wieder unter den Flügel und schliefen ohne Unterbrechung bis zum Abend. Wir fühlten uns eins mit dem Leben auf Erden.
Die gegenseitige Wertschätzung wuchs, wie es geht, wenn man aufeinander angewiesen ist. Beim Aufwachen unter dem Flügel brummte Nikolaj an diesem Abend sogar: »Nun, ihr Väterchen, habt ihr gut geschlafen?«
Wir kamen auf das Leben der Pflanzen zu sprechen.
»Selbstverständlich merkt eine Pflanze, was sich in ihrer

Nähe abspielt«, sagte Nikolaj. »Sie besitzt ein Ur-Empfindungsvermögen, das auf Erden bereits zwischen lebenden Zellen vorhanden war, noch ehe die fünf Sinne existierten. Die Telepathie gründet sich auf eine Weiterentwicklung dieses Vermögens. Sie ist unabhängig von Zeit und Raum. Irgendwo passiert etwas, und man nimmt einfach teil daran. Wenn ein Baum gefällt wird, so ist ihm dabei zumute wie einem Menschen, der zum Schafott geführt wird. Seltsam, daß ihr zur Erforschung von Herz- und Gehirnströmungen eine vollständige Wissenschaft aufgebaut habt, für die von Pflanzen ausgesandten Signale jedoch taub und blind seid!«

Am Abend kamen die Elche wieder. Der Wind war von Osten nach Westen umgesprungen und blies jetzt kräftig. Nikolaj sah zum Himmel empor, rieb sich die Hände und murmelte: »Bald geht die Reise schneller voran!«

»Etwa auf einem Vogel durch die Luft?«

»Wartet nur ab!« sagte er geheimnisvoll.

Gegen Morgen hatten die Elche sechzig Kilometer zurückgelegt. Wir stiegen ab, bedankten uns bei ihnen und schickten sie zurück. Wir befanden uns in einem bewaldeten Hügelgelände. An einem Hang sahen wir im Mondlicht eine Höhle. Als wir davorstanden, rief Nikolaj mit lauter Stimme ein paar unverständliche Worte hinein. Wir hörten ein Gähnen und Rascheln und erschraken sehr, als ein breitschultriger Troll herauskam.

Nikolaj machte eine beruhigende Handbewegung und sagte: »Hallo Kork! Alles in Ordnung?«

Beim Anblick Nikolajs begann der Troll vor Freude mit patschenden Plattfüßen zu hüpfen. »Reich meinen Freunden hier die Hand!« befahl Nikolaj.

Kork wischte sich die Hände unter den Achselhöhlen ab und reichte uns seine fettige, behaarte Trollenhand. Nikolaj fragte: »Hast du alles vorbereitet?«

Der Troll nickte eifrig, und wir gingen hinein. Nach einem kurzen Stollen weitete sich die Höhle zu einem großen Raum, in dem ein Fettöpfchen brannte und gegen die Decke ein Ballon schwebte! Wir trauten unseren Augen nicht.

»Jawohl, ein Ballon«, sagte Nikolaj. »Aus der Blase eines Mammuts gefertigt. Er enthält anderthalb Kubikmeter veredeltes Erdgas.«
»Eine Mammutblase?«
»Ja. Es gibt noch genug Mammute im Dauerfrostboden. Ein kleiner Bauchschnitt, Blase entnehmen. Wunde schließen. Dann die Blase waschen, pökeln und trocknen. Sie ist dann so elastisch, daß man sie bis zu einem Vielfachen der ursprünglichen Größe aufblasen kann.«
»Und das Gas?«
»Das gewinnt unser braver Freund Kork aus der Erde. Er hat sich gebessert und spricht fehlerlos zwölf Worte. Er wird mit Gold und Verpflegung dafür bezahlt, hier zu jeder Zeit einen Ballon startbereit zu halten. Von hier bis zum Jenissei haben wir noch drei von der Sorte stationiert. Dies hier ist Kork I. Es folgen Kork II und Kork III. Und schließlich als letzter Kronenkork. Alle achthundert Kilometer einer.«
Auf diese Worte reagierte Kork mit einem breiten Grinsen. An den Wänden hingen Blasebälge. Auf dem Boden standen Ballongondeln aus geflochtenem Schilf, und es lagen da ein paar Netze und ein leerer Reserveballon. »Kork kann jetzt Netze flicken und Körbe ausbessern«, sagte Nikolaj, »und er ist außerdem stubenrein. Es hat allerdings Jahre gedauert, ihn soweit zu bringen.«
»Und woher kommt das Gas?«
»Tief aus dem Boden, ein Balg voll nach dem anderen. Kork hat aber jede Menge Zeit dafür. Es sind noch sehr alte Vorräte vorhanden, die von den Heinzelmännchen angelegt wurden. Manchmal mischt er das Erdgas ein bißchen mit eigenen Körpergasen, aber wir tun dann so, als merkten wir es nicht.«
»Heute abend steigen wir auf, Kork«, sagte Nikolaj zu dem Troll, der mit den Händen am Boden gehorsam zuhörte. »Sorg dafür, daß alles in Ordnung ist. Und leg eine Decke für uns bereit.«
Die Decke, die Kork einem Wandschrank entnahm, roch frisch, als ob sie in einem Gebirgsbach gespült worden wäre. Aus einem anderen Wandschrank holte Nikolaj Nüsse und hartgebackene Kuchen hervor, und auf einem primitiven Ofen machte er Teewasser heiß.
Nach dem Essen legte er sich zum Schlafen auf die Decke. Wir aber sorgten beim Licht des Fettöpfchens zunächst dafür, daß wir mit den Eintragungen in unser Buch auf dem laufenden blieben, was wir jetzt ohne kalte Finger tun konnten. Drei Stunden später legten wir uns ebenfalls schlafen. Neben uns schnarchte Nikolaj. In einer Ecke lag Kork auf einem Lager aus Tannenzweigen. Der Ballon warf skurrile Schlagschatten an die Decke. Es war eine merkwürdige Situation.

Als wir aufwachten, hatte Nikolaj drei Teller mit dampfendem Brei zubereitet und mit reichlich Zucker bestreut. Der Ballon war nicht mehr da, und draußen hörte man das Aufschlagen von kleinen Steinen.
»Kork wirft Kieselsteine in die Gondel, als Ballast«, sagte Nikolaj. »Wenn wir gegessen haben, brechen wir gleich auf!«
Als wir die Höhle verließen, war der Ballon noch größer als am Morgen. »Kork hat noch etwas Gas eingelassen«, sagte Nikolaj mit einem Augenzwinkern. »Wenn der Ballon ganz gefüllt ist, geht er nicht durch den Stollen. Er ist jetzt zwölfeinhalbmal leichter als Luft!«
Kork hielt mit einer Hand die Leinen des Ballons und warf mit der anderen Hand Kieselsteine in die Korbgondel, in der eine Decke lag. Das Netz war sorgfältig über den Ballon gezogen und mit allen nach unten verlaufenden Schnüren am Rande des Korbs befestigt. Nikolaj warf noch einen Sack Nüsse und getrocknete Pilze in die Gondel und sagte: »Prima Kork, ich bin zufrieden!«
Während Kork den Ballon festhielt, stiegen wir ein. Als er die Halteleinen ablaufen ließ und der Ballon ungefähr drei Meter stieg, begannen wir auf Anweisung von Nikolaj auf- und niederzuhüpfen und zu trampeln wie erfahrene Ballonfahrer.

»Alles klar?« rief Nikolaj, vom Trampeln ein wenig außer Atem. »Dann ab mit uns. Laß los, Kork!«

Wenn Trolle in eine Falle der Heinzelmännchen geraten, werden sie nach einigen Tagen (abzuzählen an einem Seil mit Knoten, von denen sie jeden Tag einen lösen müssen) wieder freigelassen, manchmal nachdem sie einige weitere Tage auf einem Stein in einem Fluß verbringen mußten. Ein Troll kann nicht schwimmen und hat panische Angst vor Wasser. Fast alle Trolle ziehen danach schimpfend und fluchend wieder in den Wald, ohne sich zu bessern.
Es kommt jedoch ganz gelegentlich vor, daß ein Troll Reue zeigt. Liegt seine Intelligenz über dem Minimum, dann wird er als Ballon-Bereithalter ausgebildet. Die Heinzelmännchen fertigen den Ballon, die Leinen und den Korb für die Gondel an, aber der Troll muß den Ballon mit Gas betriebsfertig halten.

Um Trolle zu überwältigen, verwenden die Heinzelmännchen verschiedene Arten von Fallen, von denen auf den folgenden Seiten einige abgebildet sind.

Einige Typen von Fallen, mit denen die Heinzelmännchen Trolle zu fangen pflegen, sind hier abgebildet.

Für sämtliche Modelle werden geschnitzte Decoys (Lock-Heinzelmännchen) verwendet, die den Troll anlocken und irreführen sollen.

Dem Troll ist die Holzschnitzkunst fremd (wegen unzureichenden Vorstellungsvermögens), aber er gewahrt alles, was er glaubt, piesacken zu können. Dabei sieht jedes vernünftige Wesen ein, daß ein Heinzelmännchen niemals an seiner Zipfelmütze hängen könnte.

Wenn der Troll in die Falle gelaufen ist, stößt er selbst die Tür zu und joggt mangels kontrollierten Denkvermögens in ewigem Kreislauf um die Runde, bis ein Heinzelmännchen ihn erlöst.

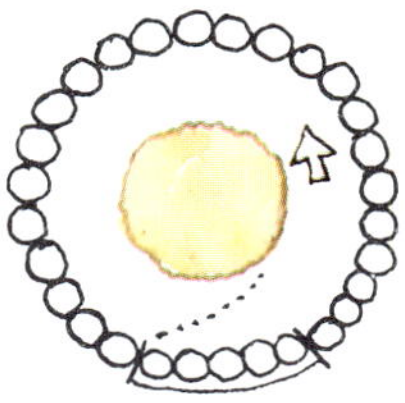

Auch das einfache Fallgruben-Prinzip verbürgt Erfolg!
(Das Gute braucht nicht unbedingt teuer zu sein.)

Ob es sich um eine Blume handelt, um einen Pilz, um das Gelege einer Auerhenne oder um was sonst auch immer —

wie ein Buchkritiker stürmt er drauf los, mit dem einzigen Gedanken:

Zertrampeln!

Auf diesem Zertrampelungswahn basiert die Konstruktion des <u>Faustschlagzüchtigungsgerätes</u>.

Bei leichtem Frost ist der Schlag von empfindlicher Wirkung.

Selbst wenn bei starkem Frost die Achse des Gerätes eingefroren ist, erfüllt die hölzerne Zipfelmütze noch ihren Zweck.

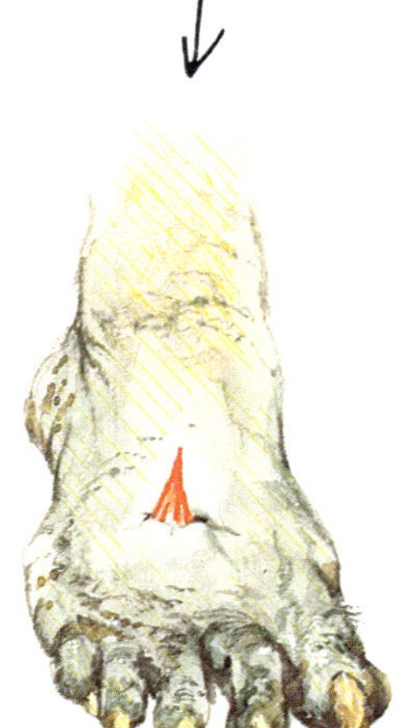

Es gibt zahllose Varianten des Themas: Jock-Heinzelmännchen + schwachsinniger Draufgänger.

Der Mechanismus dieses Züchtigungsinstrumentes ist unschwer aus der Zeichnung zu ersehen!

Trotz allem ist das Heinzelmännchen voller Mitleid für diese Gestrauchelten.

Sogenannte Pulsfalle, →
die in alten
Spechtlöchern
eingebaut wird.

Kaum hat der blöde
Troll die rote
Zipfelmütze
entdeckt,

so greift die
Faust ins
Loch,

und jäh
zerstören
Gebrüll
und Verwünschungen
die Stille des Waldes.

Alles Bunte,
was nur ein bißchen
den Kopf herausstreckt,
muß zertreten
werden.

Kaum sind die jungen Trolle auf der Welt, so zertreten sie blindlings alles um sich herum. Aus einem Wurf von 5 Jungen ↙ bleibt binnen kürzestem nur der gemeinste Treter übrig.
Das Gewinsel der Opfer läßt die Trollmutter nicht einmal umschauen.
(Das Erwürgen eines Vogels findet sie offensichtlich interessanter.)

Die Heinzelmännchen schützen ihre Häuser vor Racheakten der Trolle, indem sie die Wegweiser dorthin in entgegengesetzte Richtung drehen.

Freunde und Eingeweihte wissen natürlich, daß sie anders herum gehen müssen.

←

Der Ballon stieg weitere dreißig Meter und wurde oberhalb der Baumspitzen vom Wind erfaßt. Unter uns begann der Wald schneller und schneller vorüberzugleiten, und der Ballon stieg weiter. Es mußte ganz erheblich frieren, aber uns machte es nichts aus. Auch den kräftigen Wind spürten wir nach einer Weile nicht mehr, da wir selber jetzt fast Windgeschwindigkeit erreicht hatten. In der Luft herrschte vollkommene Stille. Nikolaj prüfte das dünne Seil, das zu einer Klappe im Ballon führte und zum Ablassen von Gas bei der Landung diente.
»Ich schätze die Windgeschwindigkeit auf sechsunddreißig Kilometer pro Stunde«, sagte er. »Wenn wir zweiundzwanzig Stunden so weiterfliegen, sind wir bei Kork II. Es kann allerdings inzwischen alles mögliche passieren, das wenigste wäre noch, daß der Wind sich legt oder dreht!«
Zunächst verlief jedoch alles nach Wunsch. Wie hielten Schritt mit den über uns einherjagenden Wolken und befanden uns schon mehr als hundert Meter über der Erde. Zweimal mußten wir einen hohen Hügel überfliegen, wobei wir ein paar Handvoll Kieselsteine über Bord warfen. Ab und zu sahen wir ein Rudel Hirsche oder einen einsamen Bären unter uns, und einmal versuchten Trolle, uns mit Steinen zu bewerfen, doch sie hatten nicht die geringste Chance, uns zu treffen.

Hier und da wurde der endlose Wald von Äckern und Dörfern unterbrochen, aber niemand sah uns, und wir schwebten schließlich ungehindert in vierhundert Metern Höhe weiter, da Nikolaj dies für die beste Höhe hielt, um nicht in entgegengesetzte Luftströmungen zu geraten.
Gegen Morgen schneite es, und der Ballon bekam eine Schneehaube, so daß wir Ballast abwerfen mußten. »Wir werden den Tag über weiterfliegen müssen«, sagte Nikolaj. »Zum Glück ist das Gebiet zwischen Onega und Servernaja dünn besiedelt.«
Wir knackten einige Handvoll Nüsse und aßen getrocknete Pilze in Fruchtwein. Es war ein Rätsel, wo Nikolaj die Mengen Wein hernahm. Dann schliefen wir ein.
Plötzlich wurden wir von einem Knall und einem pfeifenden Geräusch geweckt. Nikolaj fluchte. Als wir über den Rand des Korbes hinunterblickten, sahen wir in der Tiefe einen Mann mit einem Gewehr. Er schulterte es zum zweiten Male und schoß erneut. Auch diesmal pfiff die Kugel noch am Ballon vorbei, ohne ihn zu treffen. »Idiot!« schrie Nikolaj. »Schurke! Hör auf!«
Dank der Geschwindigkeit unseres Luftfahrzeugs waren wir bald außer Schußweite. »Wilderer!« sagte Nikolaj. »Verbrecher! Schießen auf alles, was sich regt. Zum Glück waren wir etwas zu hoch für ihn.«
Es wurde Abend, und wir schwebten wieder durch die Nacht.
Am nächsten Morgen sahen wir im Osten einen rötlichen Schein am Horizont. »Das Industriegebiet von Syktywkar«, sagte unser Begleiter. »Wir müssen es überfliegen. Es ist ein Flugplatz dort. Laßt uns hoffen, daß sie uns nicht anpeilen.«
Aber der Ballon war für ihren Radarschirm zu klein. Oder sie hielten ihn für einen Kinderballon. Oder die Luftpolizei schlief. Jedenfalls schwebten wir unbehelligt über das Industriegebiet hinweg, wenn auch die Luft ab und zu von erstickendem Rauch erfüllt war und wir die feurige Glut der Hochöfen dicht unter uns sahen.

Nikolaj rechnete, starrte nach oben und unten und brummte schließlich zufrieden. Er zog die Leine zum Gasventil, und der Ballon begann sich zu senken. Nikolaj ließ ihn auf einer Schneefläche landen. Der Korb stieß noch ein paarmal auf, doch dann sprang Nikolaj hinaus und band das Seil an einem Felsblock fest. »Das wäre es«, sagte er ruhig.
Wir streckten unsere steifen Beine und vertraten uns ein wenig die Füße. Auf den Hügeln ringsum rauschten die Bäume. Dann schnallten wir unsere Skier unter und machten uns auf den Weg. Nach einer halben Stunde kamen wir an einen abgebrannten Bauernhof. Am Hang hinter dem Hof stand ein noch heiles Holzhaus. Es war auf eine abgesägte Fichte gebaut, und ein Treppchen führte hinauf. Nikolaj klatschte in die Hände. In der Tür des Häuschens erschien ein kleiner Troll, der höflich grüßte und einen intelligenteren Eindruck machte als Kork I. Er blickte betrübt.
»Alles in Ordnung, Kork?« fragte Nikolaj.
»Nein«, antwortete der Troll. »Alte Kameraden hier gewesen. Alles kaputtgemacht. Waren stärker als Kork.«
»Was ist kaputt?« fragte Nikolaj. »Alles. Ballon leck. Netz zerrissen. Korb verbrannt. Essen aufgegessen. Mich geschlagen und gepufft. Windweiser zerstört!«
Wir kletterten das Treppchen hoch und sahen uns den Schaden an. Kork II hob einen völlig durchlöcherten Ballon hoch.

Der Ballontroll vom Dienst bekommt von den Heinzelmännchen eine Windfahne, damit er sehen kann, wie der Wind weht und welche Richtung der Ballon also einschlagen wird. Gleichzeitig schützt die Windfahne den Troll vor Einsamkeit, da sie ihm das wohltuende Gefühl vermittelt, Tag und Nacht eine Hilfe zu haben, mit der er Winke-Winke machen und sich wie mit einem Freund unterhalten kann und die er vor anderen Trollen in Schutz nehmen muß.

»Das werden sie büßen«, sagte Nikolaj. »Wer war es?«
»Schnauze, Knarre und Faust. Sie sind inzwischen weit weg.«
»Ich krieg' sie schon noch!« sagte Nikolaj. »Hol du jetzt schnell unseren Ballon. Er liegt ein Stück flußabwärts, an diesem Ufer.«
Kork II verschwand, flink wie ein Wiesel.
Nikolaj sagte: »Wir müssen unseren ersten Ballon wieder verwenden. Das Füllen mit Gas wird aber mehrere Tage in Anspruch nehmen.«
Wir hatten gerade noch genug Nüsse und Pilze für eine Mahlzeit; danach legten wir uns schlafen. Kork war inzwischen mit dem Ballon und dem Korb zurückgekommen.
Als wir aufwachten, war Kork fort. »Er ist Gas holen!« sagte Nikolaj. »Aus einer tiefen Bodenspalte hier in der Nähe, wo wir schon seit Jahrtausenden Erdgas kracken, um Wasserstoff zu gewinnen.«
Während Nikolaj weg war, um Gemüse zu suchen, arbeiteten wir an unserem Buch. Von Zeit zu Zeit erschien Kork mit einem Blasebalg voll Gas und verschwand dann wieder. Als Nikolaj mit einer Ladung Gemüse zurückkam, machten wir einen Erdofen wie zuvor. Danach kletterten wir wieder nach oben und lauschten die halbe Nacht, was Nikolaj uns zu erzählen hatte. Wir notierten alles in unserem Buch und schliefen am nächsten Morgen ein.
Mit halbem Ohr hörten wir draußen Kork wieder hin- und hertrampeln. Er mußte gut aufs Tageslicht achtgeben, denn direkter Sonnenschein verwandelt Trolle in Stein.
Wir wurden von Kork geweckt, der die Stufen heraufkam und stolz meldete: »Ballon fertig!«
Wir gingen nach draußen. Es war noch ganz dunkel. Der Ballon hing, an zwei Leinen verankert, drei Meter über der Erde. Kork reichte Nikolaj eine Tüte. Der warf einen Blick hinein und sagte: »Donnerwetter, Haselnüsse! Wo hast du die denn her?«
»Geholt!« sagte Kork, »ganz weit weg! Für Nikolaj.«
»Braver Troll!« sagte Nikolaj gerührt. »Du bekommst eine Belobigung.«

Dann liefen wir nach draußen, um Rentiermoos zu sammeln. Nikolaj zeigte uns, wo es unter dem Schnee zu finden war. Anderthalb Stunden später stiegen wir auf. Nikolaj sagte zu Kork: »Ich bin sehr, wirklich sehr zufrieden, Kork! Du hast dein Bestes getan«, worauf Kork rot anlief and seine Nase mit dem rechten Oberarm abwischte.
Kaum waren wir oberhalb der Baumkronen, da drückte der Wind den Ballon auch schon quer nach Osten, und kurz danach schwebten wir in einer mäßigen Brise in ungefähr zweihundertfünfzig Metern Höhe gemächlich über die endlose bewaldete Hügellandschaft.
In der ersten Nachthälfte legten wir gut hundert Kilometer zurück. Dann frischte der Wind auf, und es wurde kälter. Die nächsten hundert Kilometer gingen anderthalbmal so schnell. Nikolaj sah besorgt zum Himmel. »Wir bekommen Sturm«, sagte er. »Vorläufig will ich die erhöhte Geschwindigkeit aber noch so lange wie möglich ausnutzen.«
Es folgten Windstöße, die einmal den Ballon, dann den Korb tüchtig hin- und herrüttelten. Die Geschwindigkeit stieg beängstigend. Nikolaj ließ uns Kieselsteine abwerfen, weil er glaubte, daß die Böen weiter oben weniger heftig sein würden. Wie sich herausstellte, war es auch tatsächlich der Fall. Die Landschaft unter uns schoß in rasendem Tempo vorüber. Aber der Sturm nahm immer noch an Heftigkeit zu. Wir mußten schreien, um uns zu verständigen. Uns war äußerst unbehaglich zumute, aber wir kamen gewaltig voran. Nikolaj blieb gelassen.
Gegen Morgen begann der dunkle Himmel sich gelblich-grau zu verfärben. Es war entsetzlich kalt, und wir waren todmüde. Der Sturm war zum Orkan angewachsen. Plötzlich brüllte Nikolaj: »Der Wind dreht nach Süden! Wir müssen hinunter, sonst kommen wir viel zu weit vom Kurs ab.«
Wir seufzten erleichtert auf. Fester Boden, zwischen starken Bäumen in einer sicheren Höhle, das stellten wir uns nach diesem beängstigenden Flug paradiesisch vor. Als Nikolaj jedoch die Leine zum Gasventil zog, war das einzige, was entwich, ein Fluch von seinen Lippen. Das Ventil klemmte! Der Ballon wurde nun vom Orkan weiter hinaufgetragen. Zu dritt zogen wir die Leine, aber nichts geschah. Hin- und hergerüttelt flogen wir durch die Luft, immer höher und höher. Manchmal schien es, als versetzte uns der Orkan regelrechte Hiebe. Nikolaj kletterte am Tauwerk hoch. Hätten wir ihm nicht zuvor eine Leine umgebunden, wäre er ohne Frage abgestürzt!
Zum Korb zurückgekehrt, schrie er: »Am Ventil haben sich Eiskristalle gebildet. Es ist festgefroren. Es nützt nichts, wir müssen uns hier oben in der Luft einrichten, so gut es geht.« Zum Trost gab er uns ein paar Schluck von seinem Branntwein, dem er selbst auch kräfig zusprach.
Die nächsten zwölf Stunden vergingen wie im Rausch. Von schweren Wolkengebirgen halb verdunkelt, dämmerte das Tageslicht auf. Schauerweise fiel dann Eisregen, dann schneite es, und dann wieder stachen uns Millionen feiner Eissplitter ins Gesicht. Die Wälder waren verschwunden, und unter uns dehnte sich, soweit das Auge reichte, kahles Flachland aus. Wir schienen weit nach Norden abgetrieben zu sein. Kaum hatte das Tageslicht die größte Mittagshelligkeit erreicht, da begann es auch schon wieder dunkel zu werden. Wir waren steif vor Kälte, und nur der Branntwein und die uns von Kork II spendierten Haselnüsse bedeuteten einigen Trost. Außerdem waren wir vollkommen erschöpft durch das unaufhörliche Schaukeln des Korbes, in dem wir uns festklammern mußten, und dazu kam die Sorge um unser Gepäck. Wir hatten wohl tausend Kilometer zurückgelegt.

In der Nähe des Polarmeeres flaute der Orkan ziemlich ab. Wir gingen auf ungefähr zweihundert Meter hinunter, aber unsere Geschwindigkeit war nach wie vor sehr hoch. Unter uns erstreckte sich eine unübersehbare Eislandschaft. Gezackte Schneefelsen und Schneeflächen wechselten mit Eisbergen, und in der Ferne vermeinten wir einmal offenes Wasser zu erkennen. Schon bald aber verdunkelte sich der Himmel wieder bedrohlich.
Aus den schwarzen Wolken fiel zunächst Schnee, dann Hagel, und ein mittelgroßes Hagelkorn ist für ein Heinzelmännchen immerhin so groß wie sein Fuß. Die meisten Hagelkörner trafen den Ballon, da wir ja mit Windgeschwindigkeit flogen, aber einige trafen uns wie Ziegelsteine in den Rücken. Über uns trommelten sie wie Hammerschläge auf den Ballon. Plötzlich riß Nikolaj seine Ohrenschützer hoch und horchte. Wir machten es ihm nach. Ein leichtes Zischen war zu hören. Nikolaj zeigte nach oben und rief: »Der Ballon ist von den Hagelkörnern leckgeschlagen!«
Der prall aufgepumpte Ballon hatte dem Trommelfeuer nicht standgehalten. Es mußte ein kleines Loch entstanden sein. Wir begannen zu sinken und schossen bald in schräger Richtung der Erde entgegen. Es war eine harte Landung, und der Korb wurde vom Aufprall wieder ein Stück in die Höhe gestoßen. Schließlich wurde der Korb vom Ballon eine Strecke waagerecht über die Schneefläche mitgeschleift und kam dann zum Halten. Erstarrt, durchfroren und wie betäubt stiegen wir aus.
Nikolaj war der erste, der sich aufraffte. Er sagte: »Hier können wir nicht bleiben. Wenn wieder ein Sturm aufkommen sollte, und zwar diesmal ein wirklicher Schneesturm, sind wir hier ohne jeden Schutz. Dies dürfte ein zugefrorener Meeresarm sein. Wir müssen drüben hinüber zu den Eisbergen. Dort können wir einen Iglu bauen, oder vielleicht finden wir auch die Höhle eines schlafenden Eisbären. Zuerst brauche ich aber Schlamm. Wir sind noch in Ufernähe, es kann hier nicht tief sein.« Und er begann, ein Loch ins Eis zu hacken. Zuerst schnitt er einen vierkantigen Block aus dem Eis heraus. »Den binden wir nachher hinten am Korb fest«, sagte er, »dann können wir wenigstens Kurs halten.«

Wir halfen ihm, das Loch größer zu machen. Die Splitter flogen. Tatsächlich stießen wir nach einem halben Meter durch die Eisdecke und sahen den Meeresboden. Nikolaj hackte ein paar Klumpen Schlamm los und ließ sie in unseren Händen auftauen. Dann legte er die Skier mit der Unterseite nach oben der Länge nach hin, schmierte den Schlamm auf die Laufflächen, ließ ihn wieder gefrieren, urinierte darauf und polierte ihn mit seinem Messer glatt.

Drei Stunden später erreichten wir eine hohe Eiswand am anderen Ende der Eisfläche. Wie stiegen aus und liefen uns warm. Es war 25 Grad unter Null, und unsere Kleidung war völlig unzureichend. Eine Weile suchten wir nach Spuren von Eisbären, fanden aber keine.

»Da bleibt uns nichts anderes übrig, als einen Iglu zu bauen«, sagte Nikolaj und ließ den Worten die Tat folgen.

Dann befestigten wir die Skier parallel nebeneinander unter dem Korb, nahmen den Ballon aus seinem Netz und falteten ihn sorgfältig zusammen. Nikolaj band den vierkantigen Eisblock mit einem Seil an der Rückseite des Korbes an. Wir stiegen ein und stießen uns mit den Skistöcken ab, bis der Korb eine gewisse Geschwindigkeit erreicht hatte. Dann wurden wir vom Wind fortbewegt, ohne etwas tun zu müssen. Die Schneefläche ging in Eis über. Wir befanden uns tatsächlich auf gefrorenem Wasser. Hinter uns wurde der Eisblock mitgeschleift. Durch Anziehen der Leine nach links oder nach rechts konnten wir damit ein wenig steuern.

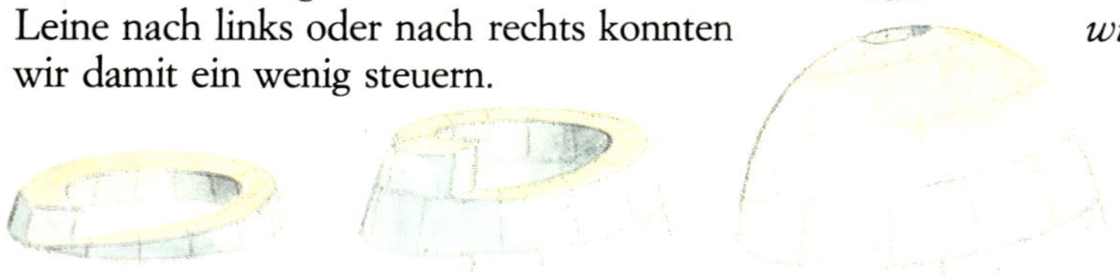

Der Bau des Iglus beginnt damit, daß man mit dem Messer oder der Eissäge keilförmige Blöcke aus dem festen Schnee schneidet. Fünfzehn große Blöcke bilden den unteren Kreis des runden Baus. Auf dieses Fundament setzt man spiralförmig weitere Scheeblöcke, die nach oben hin immer kleiner werden. Der Erbauer muß sich bald in der Mitte aufstellen, um die Blöcke, die ihm von außen gereicht werden, aufsetzen zu können. Der letzte Ring besteht aus fünf Blöcken, und die dann noch verbleibende Öffnung wird mit einem runden Block aus Eis geschlossen, der ja durchsichtig ist und somit wie ein Fenster Licht einläßt.

Als der Iglu fertig war, machten wir im Innern eine Erhöhung, bedeckten diese mit dem Ballon und hatten darauf reichlich Platz zum Schlafen, wobei wir die Ränder des Ballons noch zu einer Art Decke umschlagen konnten. Wir hatten keinen Brennstoff zum Feuermachen, so daß wir das noch vorhandene Rentiermoos roh essen mußten. Die Sorgen verließen uns nicht. Wir hatten jetzt zwar ein Dach über dem Kopf, aber ewig durfte dieser Zustand nicht andauern. Nikolaj war in Gedanken versunken. Schließlich sagte er: »Zunächst schlafen wir einmal. Dann gehe ich allein fort, um Hilfe zu holen!«
»Und wir?« fragten wir. »Sollen wir hier etwa allein zurückbleiben?«
»Ihr seid hier gut aufgehoben«, sagte er ruhig. »Ihr habt genug Schnee gegen den Durst. Laßt ihn langsam im Munde zergehen. Es gibt noch Nüsse und Rentiermoos. Ich bin in drei bis vier Tagen wieder da. Allein komme ich viel schneller voran, als wenn ihr dabei seid. Ich werde auch noch Branntwein hierlassen.
»Und was ist mit dir?«
Nikolaj trommelte mit breiter Hand auf seinen Bauch und lachte. »Ich kann tagelang mit Schnee und Nüssen auskommen!«
Gegen Mittag sahen wir ihn mit scheelen Augen fortziehen, aber uns war klar, daß seine eiserne Konstitution größeren Anstrengungen gewachsen sein würde als unsere. Sein Gepäck hatte er bei uns zurückgelassen.
Nach einigen Stunden empfanden wir die Stille und die Abgeschlossenheit in dem Iglu ziemlich beengend. Wir brauchten Bewegung, und es schien das beste, ein wenig Ski zu laufen. Solange wir die hohe Eiswand nicht aus den Augen ließen, durfte es kaum möglich sein, daß wir uns verirrten. Bald darauf waren wir unterwegs. Der Wind hatte sich gelegt, und es war dreißig Grad unter Null, aber die Bewegung hielt uns trotz der unzureichenden Bekleidung doch ziemlich warm.
Die Eisfläche erstreckte sich soweit das Auge reichte, nur rechts von uns war sie durch die Eiswand begrenzt. Nach mehreren Stunden auf den Skiern hatte die eintönige Landschaft sich nicht im geringsten verändert. Wir bekamen Hunger und aßen eine Nuß. Gespannt fragten wir uns, ob wir wohl das nach allen Erzählungen so atemberaubende Nordlicht zu sehen bekommen würden. Wie es hieß, war es pastellgrün und purpurrot, aber vorläufig zeigte es sich nicht. Doch fiel uns auf, daß sogar die leisesten Laute sehr weit zu hören waren.

Plötzlich entdeckten wir zwei Flecke auf dem Eis, einen großen und einen kleinen. Als wir näher kamen, sahen wir, daß es Robben waren, ein Muttertier und ein Junges, die aus ihrem Atemloch aufs Eis gekrochen waren. Vielleicht hatten sie einen Fisch für uns! Wenn Heinzelmännchen auch vielleicht Vegetarier sein mochten, so traf das auf uns nicht unbedingt zu. Wer wußte, wann Nikolaj zurückkam! Und wenn es einen Fisch für uns gab, bedeutete das eine äußerst willkommene Ergänzung unseres dürftigen Speisezettels.

Ein einziger Seehund hat manchmal bis zu dreißig Atemlöcher dicht beieinander.

Die Seehunde gingen uns nicht aus dem Wege, dafür waren wir ja Heinzelmännchen genug. Sie sahen uns aus ihren kugelrunden Augen ruhig an, und das weiße Junge war wonnig. Als wir aber die Mutter fragten, ob sie einen Fisch für uns fangen wolle, blickte sie über uns hinweg in die Ferne und gab keine Antwort. Offensichtlich wußte sie sich eine derartige Bitte seitens eines Heinzelmännchens nicht zu erklären. Also mußten wir uns unseren Fisch selbst fangen. Die Robbenmutter hatte übrigens nichts dagegen, uns zu diesem Zweck ihr Atemloch zur Verfügung zu stellen. Doch mußten wir dazu erst einiges Material aus dem Iglu holen. Zwei Stunden später waren wir wieder am Eisloch. Der Schnalle eines unserer Gürtel hatten wir den Stift entnommen, diesen zu einem Haken gebogen und eine Leine des Ballons zur Angelschnur umfunktioniert. Wir zerkauten eine Haselnuß und ließen den Brei an dem Haken gefrieren.

Dann ließen wir den Haken mit dem Köder vorsichtig an der Leine ins Loch hinab. Von den Seehunden war nichts mehr zu sehen.

Weil wir keinen Schwimmer hatten, waren wir darauf eingestellt, die Schnur bei der geringsten Bewegung einzuziehen, aber nichts rührte sich. Die Fische schienen zu schlafen oder ließen sich jedenfalls nicht blicken. Mehrere Male war der Köder unter Wasser zerbröckelt. Wir saßen stundenlang am Loch und froren, daß es kaum auszuhalten war. Von Zeit zu Zeit tauchten die Seehunde entweder in unserem oder in einem benachbarten Loch auf, und dann blieb natürlich sowieso weit und breit kein Fisch in der Nähe.

So verging die Nacht. Nachdem wir die Leine mehrere Male vergeblich eingeholt hatten, gab es beim nächsten Versuch einen zappelnden Widerstand in der Tiefe. In größter Erregung hingen wir zusammen an der Schnur. Es mußte ein riesiger Fisch sein. Wir ließen ihn sich müde zappeln und begannen dann, die Leine vorsichtig einzuholen, ängstlich darauf bedacht, ihn nicht von dem glatten Haken rutschen zu lassen. Es gelang tatsächlich, ihn aufs Eis zu ziehen. Es war eine siebzehn Zentimeter lange Scholle,

Nahrung für mehrere Tage! Wir klopften uns gegenseitig auf die Schulter. Dann töteten wir die Scholle, um sie nicht unnötig leiden zu lassen, und liefen danach zum Iglu zurück. Die Scholle zogen wir an der Leine hinter uns her übers Eis. Es wurde neblig, aber wir konnten die Eiswand im Auge behalten, so daß wir den Weg unmöglich verfehlen konnten. Als wir uns einmal umblickten, erstarrten wir vor Schreck. Ein gewaltiges Ungeheuer verfolgte uns. Es war so groß wie ein Elefant, hatte jedoch einen langen Schwanz und ein riesiges geiferndes Maul voller Zähne. Es war uns unmittelbar auf den Fersen, und wir erwarteten nichts anderes, als daß es sich jeden Moment auf uns stürzen würde. In panischer Angst eilten wir auf die Eiswand zu; vielleicht gab es dort eine schützende Grotte. Das Ungeheuer war weiter mit großen Sprüngen hinter uns her. Eigentlich hätte es uns längst eingeholt haben müssen. Wir ließen die Scholle zurück und kletterten, vor Angst mit den Zähnen klappernd, hinter eine vorstehende Kante auf der Eiswand. Das Untier trabte jetzt langsamer, erschien aber noch ebenso groß und schauerlich. Hinter uns stürzte mit donnerndem Getöse ein Eisbrocken herab, ohne uns zu treffen, und im selben Augenblick war das Ungeheuer verschwunden. Als wir über die Eisfläche blickten, sahen wir in der Ferne einen Polarfuchs herankommen. Er folgte dicht mit der Nase über dem Eis der Spur, die die von uns fortgeschleppte Scholle hinterlassen hatte. Rasch kletterten wir hinunter und warteten bei der Scholle, bis der Fuchs angekommen war. Er stand überrascht still, schnupperte in der Luft, weil er unsere Körper roch, blickte ungläubig vom Fisch zu uns und wieder zum Fisch, nahm uns jedoch den Fisch nicht weg.

Eine Weile standen wir Auge in Auge. Dann drehte er sich um und zottelte davon, während wir erleichtert unsere Scholle zum Iglu zogen.

Wir schleppten den Fisch unter den Ballonkorb hinter dem Iglu. Dann gingen wir hinein, aßen jeder eine halbe Nuß und fielen in einen langen, tiefen Schlaf.
Am Abend wachten wir auf und krochen nach draußen. Die Scholle war nicht angerührt worden. Anscheinend waren keine weiteren Füchse und keine Eisbären in der Nähe. Wir hackten jeder ein ordentliches Stück aus dem steifgefrorenen Fisch und nahmen es mit nach drinnen. Als wir zu kauen anfingen, entdeckten wir, daß gefrorene Scholle eine Delikatesse ist. Wir aßen reichlich, spülten alles mit Branntwein hinunter und schliefen dann unbekümmert weiter bis spät in den Morgen. Wieder aßen wir ein Stück Fisch und eine Nuß und machten einen Skilauf übers zugefrorene Meer, um die Muskeln zu lockern und unsere Kopfschmerzen zu vertreiben.
Auf diese Weise vergingen auch die nächsten vierundzwanzig Stunden. Nikolaj war jetzt fast drei Tage fort, aber wir konnten mit unserem Tiefkühlvorrat an Fisch zur Not noch eine ganze Woche auskommen. Es war kalt und neblig, und manchmal waren wieder messerscharfe Eiskristalle in der Luft. Als wir im spärlichen Tageslicht eine Runde machten, erstarrten wir wieder vor Schreck. Übers Eis kam tatsächlich auf Skiern ein Weihnachtsmann auf uns zu! Wir blieben stehen und schauten ängstlich und erstaunt zu ihm hinüber. Ebenso wie das Ungeheuer vor zwei Tagen schien er ganz nahe zu sein. Trotzdem hörten wir ihn nicht, und er schien auch nicht näherzukommen. Hastig kehrten wir zum Iglu zurück. Als wir ihn erreicht hatten und uns umblickten, war der Weihnachtsmann verschwunden. Ein Windstoß hatte den Nebel fortgefegt, und die große Eisfläche lag klar überschaubar vor uns. Aus weiter Ferne näherte sich ein Punkt, der sich nach einer Viertelstunde wahrhaftig als Nikolaj entpuppte. Er trug ein großes Paket. Als er es abgelegt hatte, umarmten wir ihn und erzählten ihm von dem Ungeheuer und dem Weihnachtsmann. Er brüllte vor Lachen und sagte: »Ihr habt nichts anderes gesehen als den Fuchs und mich. Habt ihr denn nie etwas von Strahlenbrechung gehört? Sie läßt kleine Gegenstände am Horizont bei einem gewissen Feuchtigkeitsgrad der Luft riesige Ausmaße annehmen; es ist eine Art Fata Morgana. Aber ich habe eine gute Nachricht. Anderthalb Tagesreisen von hier entfernt befindet sich eine Niederlassung der Polarheinzelmännchen. Wir müssen schnell zu ihnen, denn es ist wieder ein Schneesturm im Anzug.
Wir nehmen nur das Gepäck mit und betrachten den Korb und den Ballon als verloren. Aber zuerst müßt ihr diese Kleidung anziehen, die habe ich vorweg schon von unseren Polarbrüdern mitbekommen.«
Er hatte tatsächlich alles bei sich: Stiefel aus Seehundleder, Strümpfe aus Hasenwolle (zwischen Innen- und Außensohle befand sich eine Schicht getrocknetes Gras), ein Hemd aus Vogelfellen mit den Daunen nach innen und eine blendend weiße Hose aus geschorenem Schneehasenfell, die bis in die Stiefel reichte. Darüber kam ein prächtiger weitgeschnittener Mantel, ebenfalls aus geschorenem Hasenfell, mit einer tiefen Pelzkapuze in der Form einer Zipfelmütze und ein Paar Fausthandschuhe aus weichem Leder. Wir zogen alles an und kamen uns vor wie Könige.

Wir gingen in den Iglu, bereiteten eine Mahlzeit aus Scholle und Nüssen und genehmigten uns dazu ein Gläschen, um unser Wiedersehen in diesem unwirtschaftlichen Lande zu feiern. Nikolaj ließ es sich vorzüglich munden, auch den Fisch! Danach fiel er sofort in einen tiefen Schlaf.
Fünf Stunden später schlug er die Augen auf und sagte: »Und jetzt auf, marsch, marsch!«
Wir machten uns auf den Weg, zuerst an der hohen Eiswand enlang, kletterten dann an der niedrigsten Stelle hinüber und gerieten nun auf eine ausgedehnte Eisfläche.

Die erste Wegstrecke war furchtbar. Tausende von Eiszacken und -spalten machten es fast unmöglich, auf Skiern voranzukommen. Manchmal entdeckte Nikolaj – wie auch Polarhunde es können – unter dem Schnee verborgene Eisspalten, von denen wir nichts gemerkt hatten, und um sie zu umgehen, mußten wir dann große Strecken wieder zurücklaufen. Der gefrorene Schlamm hatte sich völlig von unseren Skiern gelöst. Aber nach vielen Stunden ging es abwärts, und wir erreichten glatteres, mit Schneeklumpen übersätes Eis.

Dies hier zeigt die Erklärung, wie der Glaube an den Weihnachtsmann entstanden ist: Bei starker Winterkälte und im Schneegestöber erscheinen ganz gewöhnliche Heinzelmännchen dem menschlichen Auge aufgrund der Horizontverschiebung in übermäßiger Vergrößerung.

Während einer Ruhepause fragten wir Nikolaj: »Woher haben die Polarheinzelmännchen eigentlich die Pelze? Sie töten doch keine Tiere, und sie essen doch auch weder Fleisch noch Fisch?«
»Hier essen Heinzelmännchen wohl Tiere und verwerten auch ihre Felle«, sagte er, »sie müssen das zum Überleben, es gibt nichts anderes. Sie holen sich, was sie brauchen, aus den Wintervorräten der Polarfüchse; die haben nichts dagegen, umsoweniger, da Heinzelmännchen ja nur einen geringen Bedarf haben.«
Zwölf Stunden später näherten wir uns einer neuen Eiswand. In der Ferne sahen wir Iglus. Im nächsten Augenblick kamen uns in Pelz gehüllte Heinzelmännchen auf klappernden Schneeschuhen entgegen. Sie stimmten ein wüstes Geschrei an und warfen uns bei der Begrüßung fast um. Sie umarmten uns, rieben Nasen mit uns, gaben uns freundschaftliche Knüffe und nahmen uns mit zu den Iglus. Ehe wir durch den Tunnelvorbau hineinkriechen wollten, bekamen wir eine Art Brieföffner aus Knochen in die Hand gedrückt, damit wir damit die Eis- und Schneekristalle von unserer Kleidung abkratzten, die sonst im Iglu schmelzen und später wieder gefrieren würden, mit entsprechend unangenehmen Folgen.

Diese Abbildung verdeutlicht, wie klein ein Heinzelmännchen-Iglu ist.

Das Abkratzen und Abbürsten der Kleidung nach Expeditionen in Schneestürmen ist mitunter recht zeitraubend. Inzwischen kann der Gast sein Eintreffen vor dem Iglu zunächst durch den Ruf »Besuch!« ankündigen, womit zugleich die äußere Form der Höflichkeit gewahrt ist. Im übrigen bewirkt die Kegelform des Heinzelmännchens, daß es von Schnee und was sonst alles an Katastrophen von oben kommen mag, nicht zerschmettert wird, da alles nach allen Seiten von ihm abrutscht.

Wir gingen durch den Tunnelvorbau in den größten Iglu, um den herum alle anderen einen Kreis bildeten. Die kleineren Iglus waren durch Tunnel mit dem großen verbunden, so daß ihre Bewohner auch bei heftigen Schneestürmen zueinander ein- und ausgehen konnten, ohne ins Freie zu müssen. Geschickte Hände zogen uns den Anorak über den Kopf.

Kaum waren wir drinnen, da brach der von Nikolaj vorhergesagte Sturm auch schon in aller Heftigkeit los. Im großen Iglu brannte ein qualmendes Feuer. Es waren ein paar Frauen da, die nichts als ein kurzes Pelzhöschen trugen, was uns einigermaßen in Staunen versetzte. Es schien hier aber so üblich zu sein. Kurz darauf zogen auch die Männer alles aus, was sie am Leibe hatten. Zwei von ihnen schleppten Keulen eines Schneehasen auf das erhöhte Lager. Es hatte allen Anschein, daß man ein Fest für uns vorbereitete. Das Fleisch wurde in Töpfen gekocht, und in den Pfannen brutzelte Seehundspeck.

Die Männer waren kleiner als wir. Sie hatten pechschwarze Augen und tiefschwarzes fettiges Haar. Alle hatten breite, ovale Gesichter. Die Frauen lachten unaufhörlich, während sie mit ihren kleinen, wohlgeformten Händen geschwind das Essen bereiteten.
Der große Iglu war der Gemeinschaftsbau für Mahlzeiten und Tanz, während die einzelnen Heinzelmännchenfamilien ringsum in den kleinen Iglus zu wohnen schienen.
Während wir auf das Essen warteten, sagte Nikolaj: »Ich werde euch jetzt einige Grundregeln für das Überleben in der Eiswüste nennen:

1. Wasser ist immer wichtiger als Nahrung.
2. Bei strengem Frost stets durch die Nase, niemals durch den Mund atmen.
3. Im Notfall kann man fünf Tage ohne Schlaf auskommen.
4. Stets während der zweiten Nachthälfte und in den frühen Morgenstunden reisen.
5. Panik ist der schlimmste Feind. Mit den normalen Körperreserven kann man Hunger, Durst, Kälte, Hitze, Einsamkeit, Erschöpfung, Verletzungen und Blutverlust lange Zeit ertragen. Panik stört immer das Gleichgewicht. Stets ruhig bleiben. Aus jeder Situation immer das Beste zu machen versuchen.
6. Bei allem, was man unternimmt, soll man überlegen, ob man
   schnell ... oder zu schnell handelt,
   mutig ... oder übermütig zu Werke geht,
   vorsichtig ... oder nur ängstlich ist,
   viel ... oder zu viel von sich selbst und anderen fordert.
7. Im ewigen Schnee soll man zum Schutz gegen Skorbut den Sud von täglich frisch abgekochten Tannenzweigen trinken. Man muß also Zweige mitnehmen, wenn man ins vegetationslose Eisgebiet zieht.
8. Man verwende Schnee als ausgezeichnetes Isoliermaterial nach dem Vorbild der Schlittenhunde, die sich nachts einschneien lassen bis zur Nasenspitze, über die sie dann ihren buschigen Schwanz legen.
9. Erfrieren macht sich zuerst durch Gefühllosigkeit bemerkbar. Darauf muß ständig achtgegeben werden. Eine erfrorene Stelle im Gesicht ist grau oder weißlich-gelb. Nicht reiben! Sonst verletzt man die Haut. Den erfrorenen Körperteil mit lauwarmem Wasser auftauen.
10. Zur Orientierung diene:
    Wolken über offenem Wasser sind dunkelgrau,
    Wolken über Schnee oder Eis sind weiß,
    Vögel, vor allem Möwen, fliegen morgens früh vom Land zum Meer, abends vom Meer zur Küste.

Dies steht übrigens auch alles im Geheimbuch«, sagte Nikolaj. Er zeigte uns die Stelle sowie auch Abbildungen einer Yeti-Familie und Bilder von Heinzelmännchen aus aller Welt.

Yeti von vorn

Yeti von hinten

Dies sind absolut naturgetreue Abbildungen des **Yeti** bzw. des sogenannten Unheimlichen Schneemenschen (was er gar nicht sein will!) des Meisters im Nichtgesehenwerden.

Zur Verdeutlichung ist er nebenan unnatürlich deutlich abgebildet. →

Dieses Bild gibt einen Eindruck der Größenverhältnisse

Die Unheimliche Schneefrau greift trotz ihrer beträchtlichen Milchproduktion schon bald zu Zusatznahrung für den kleinen Yeti (das Unheimliche Schneekind). Sie füttert ihn mit Eiswaffeln, Eis am Stiel, Eisbomben, Eisblumen und ähnlichem.

Ein Yeti geht normalerweise aufrecht. Fühlt er sich beobachtet, so läuft er auf allen vieren.

Dies erklärt, warum Polar- und Himalayaforscher jahrhundertelang beim Sichten eines Yeti geglaubt haben, einen Eisbären zu sehen.

Über das Eis von zugefrorenen Seen oder Meerengen gleitet der Yeti in rasendem Tempo dahin.

Heinzelmännchen aus den verschiedensten Gegenden der Welt.

Karl May hat das Indianische Heinzelmännchen mit Sicherheit gekannt, es ist in seinen Büchern aber niemals auch nur mit einem Wort erwähnt.

Polarheinzelmännchen
Häuptling der Niederlassung bei minus 60° Celsius.

Leider verträgt die Filzlaus (Pediculus vestimenti) solche Temperaturen, während die Kopflaus (Pediculus capitis) durch die warme Verpackung dagegen geschützt ist.

Das schottische Heinzelmännchen greift zu oft zum Whisky als Medizin gegen sein Rheuma.

Mit dem Ungeheuer von Loch Ness versteht es sich gut.

Das Balinesische oder Reis-Heinzelmännchen liebt Tanz, Gamelanmusik, Wajangpuppenspiel und indonesische Reistafel.

Ein hochbegabter chinesischer Heinzelmännchen-Kuli. Lebt von zwei Reiskörnern am Tage!

Er hat seit Monaten keine Frühlingsrolle mehr gegessen.

Peruanisches Heinzelmännchen in der eisigen Kälte und dünnen Luft des Hochlandes.

Die Decken werden aus Lama- oder Vikunjawolle hergestellt

Das sonnengebräunte Australische oder Beutelheinzelmännchen hantiert bereits lange vor der Urbevölkerung Australiens mit dem Bumerang, mit dem es friedfertige Akrobatik betreibt oder die spärlichen Beeren von den auf diesem kargen Boden wachsenden Sträuchern holt. Seine Frau gebärt zweimal im Leben, und zwar jeweils ein Kind.

Mit Dreizackpfeil und Bogen schießt das Buschmann-Heinzelmännchen Früchte vom Baum.

Da seine Oberarme zu kurz sind, um den Bogen zu spannen, muß es sich dabei auf den Rücken legen.

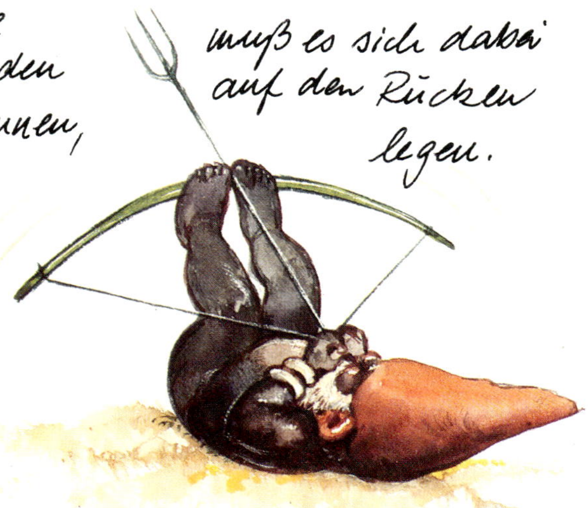

Das Buschmann-Heinzelmännchen lebt auch im Apartheid-Staat Südafrika überall ohne Paß.

Die Syrischen Heinzelmännchen halten
sich schon seit Jahrtausenden
den Goldhamster als Haustier.
In Westeuropa ist dieses Tier
erst seit 1931 bekannt.

Der Schleier der
Syrischen Heinzelfrau
verbirgt viel
exotische Schönheit.

Das Papua-Heinzelmännchen
ist nicht vom freundlichen
Schlag. Womöglich hat nicht
nur sein Nasenschmuck,
sondern auch seine
Nationaltracht
(die ihm bei praktisch allen
Beschäftigungen hinderlich ist)
einen gewissen Einfluß
auf seine Laune.

Ein orthodoxes Jüdisches Heinzelmännchen und sein arabischer Bruder gehen ohne Streit nach stundenlangem Feilschen um eine Partie Apfelsinen einmal zusammen um den Block, obwohl die Ware endlos betastet und sogar aufgeschnitten wurde.

Griechisches Heinzelmännchen, das nach einem guten Glas Ouzo und einer großen Portion Spanaki Argolimono (Spinat mit Eiersoße) einen Sirtaki (einen Tanz) oder Letkiss (einen anderen Tanz) beginnen will.

Das Österreichische Heinzelmännchen muß bei Schneefall den Gamsbart ablegen, sonst würde seine Zipfelmütze kopflastig werden. Unter der Lederhose lugen ein paar schwielige Knie hervor.

Was uns zu Hause nie ganz zum Bewußtsein gekommen war:
Auch in unserer holländischen Heimat findet man viel Charmantes:

das schalkhafte Heinzelweiblein aus Volendam

die in sich gekehrte, etwas schüchterne Heinzelfrau aus Staphorst, die nur ganze Noten singt.

Zwei lustige Trachten aus Seeland

eine Schöne aus Bunschoten-Spakenburg,

die wohl oder übel ein wenig nach Fisch riecht.

Als die Mahlzeit beginnen sollte, sagte das älteste Heinzelmännchen, er hoffe, wir hätten nicht zu viel Hunger, denn das Fleisch sei minderwertiger Qualität, eigentlich kein Fleisch, das man Gästen anbieten könne, eher Hundefutter. Nikolaj, der das Spiel zu kennen schien, sagte sofort, wir hätten gar keinen Appetit und wären nur mal so zur Geselligkeit vorbeigekommen. Das alte Heinzelmännchen schnitt ein Stück Fleisch ab, probierte es, kaute darauf und sagte: »Siehst du, wertloses Fleisch, halb verdorben und zudem noch schlecht zubereitet. Ich traue mich nicht, es euch anzubieten!«
Kaum waren die Worte gesprochen, da legten auch schon alle los. Bis tief in die Nacht verspeisten wir die feinsten Hasen- und anschließend Entenkeulen und zwischendurch Robbenspeck. Das Tadeln der Speisen war hier ein Gebot der Höflichkeit. Uns war von oben bis unten warm, und wir waren völlig übermüdet. In den letzten Stunden hatten wir zahllose Geschichten über das Leben in Eis und Schnee zu hören bekommen und Achtung vor dem harten Leben dieser freundlichen und gutgelaunten Heinzelmännchen bekommen, die Gastfreundschaft als ihre höchste Pflicht betrachteten.
Auch stellte sich heraus, daß die Kleidung, die Nikolaj für uns mitgebracht hatte, ihre übliche Tracht war, wenn die fröhliche Runde jetzt auch praktisch nackt dasaß.
Endlich gingen wir schlafen. Jeder von uns bekam einen kleinen Iglu zugewiesen und dies nicht ohne Grund. Zwei Männer stellten uns nämlich mit großzügiger Geste ihre Frauen für die Nacht zur Verfügung, ein Angebot, das in diesen Breitengraden nicht abgelehnt werden durfte, ohne sie zutiefst zu beleidigen, so daß wir uns damit abfanden.

Als wir aufwachten, wütete der Schneesturm mit unverminderter Macht. Er würde drei bis vier Tage anhalten, versicherten die Polarheinzelmännchen uns, und es sei völlig ausgeschlossen, daß wir unsere Reise fortsetzten könnten. Wir verbrachten die Tage im Gespräch mit den Heinzelmännchen, lauschten ihren alten Geschichten und schauten ihnen bei der täglichen Arbeit im Haushalt zu.

Als Spielzeug findet der Schnurrknochen Verwendung: Durch einen Knochen oder Knopf mit zwei Löchern werden zwei Fäden gezogen. Einmal zum Drehen gebracht, rotiert das Spielzeug schnurrend weiter, solange die Fäden im Rhythmus abwechselnd gespannt und gelockert werden.

Es war interessant, den Pelznäherinnen zuzusehen. Mit einem kleinen Messer, dessen Griff sich in der Mitte befand, schnitten sie Stücke aus dem durch langes Kauen gegerbten Fell. Die Stücke wurden nach Augenmaß zusammengefügt und mit einer Nadel aus Narwalknochen und einem Faden aus Walroßhaut zusammengenäht. Nach beendeter Arbeit war im kurzgeschorenen Pelz keine Naht zu erkennen, und das Kleidungsstück paßte genau.

Das exakte und feste Zusammennähen der Felle ist lebenswichtig, da eine sich lösende Naht im eisigen Sturm unter Umständen so viel Kälte durchlassen kann, daß ein Körperteil erfriert.

Ansonsten verbrachten wir die Tage mit dem Lesen des Geheimbuches und der Aufarbeitung unseres eigenen. Am dritten Tag nahm der Sturm tatsächlich etwas ab. Am vierten Tag war es plötzlich windstill. Alle verließen den Iglu und streckten die Glieder. Und diesmal hatten wir Glück: Im Laufe des Abends erschienen zunehmend blaue und violette Strahlen am Himmel, die sich zum Horizont hin gelbgrün und pastellrot färbten. Das berühmte Nordlicht, das dadurch entsteht, daß Elektronen und Protonen von der Sonne Sauerstoff- und Stickstoffmoleküle unserer Atmosphäre bombardieren, entfaltete sich in seiner vollen Schönheit.
Mit einem Mal fiel uns auf, daß die Heinzelmännchen etwas beobachteten, das uns entging. Nikolaj stellte sich neben uns und lachte: »Dort geht unser Transportmittel für die Reise zu Kork III!«
Auf unseren fragenden Blick fügte er hinzu: »Schaut einmal genau hin! Seht ihr nichts?«
Wir schauten angestrengt in die Ferne. Erst nach einer ganzen Weile erkannten wir einen vagen Umriß. »Genau!« sagte Nikolaj. »Das ist ein Yeti.«
»Aber die gibt es doch nur im Himmalaja!«
»Es gibt auf der Welt mehr von ihnen, als ihr denkt. Sie können sich jedoch so gut unsichtbar machen, daß noch kein Mensch je einen von ihnen gesehen hat.«

Das älteste Heinzelmännchen hatte sich ebenfalls zu uns gesellt. »Würdest du den Yeti bitte fragen, ob er uns zu Kork III bringen könnte?« bat Nikolaj ihn.
Wir liefen auf unseren Skiern in der Spur des alten Heinzelmännchens zu der Gestalt in der Ferne, die auch wir jetzt erkennen konnten. Nach einer halben Stunde hatten wir sie eingeholt.

Der Yeti blieb stehen. Das Polarheinzelmännchen verbeugte sich und sagte: »Guten Abend, Zero. Lange nicht gesehen. Was machen Frigida und das kleine Eislein?«
Die riesige Gestalt gab keine Antwort und betrachtete uns mißtrauisch. Schließlich sagte sie mit Baßstimme: »Das scheinen mir zwei Menschlein zu sein. Besteht auch wirklich keine Gefahr, daß ich entdeckt werde?«
»Dafür verbürge ich mich persönlich«, erwiderte das Polarheinzelmännchen, während Nikolaj uns zuflüsterte: »Das ist ihre einzige Sorge: Immer haben sie Angst, gesehen zu werden!«
»Nun, meinetwegen«, sagte Zero, »obwohl ich sehr ungern ein Risiko eingehen. Was wollt ihr denn überhaupt?«
Nach einer Viertelstunde waren wir uns einig: Er würde uns nach Altai bringen, achthundert Kilometer südöstlich von hier, aber erst morgen abend.
»Und ich will nicht, daß ihr mir beim Laufen zuseht«, sagte er, »selbst wenn ihr Heinzelmännchen sein solltet. Ich hab' zu Hause noch eine alte Decke liegen, da geht ihr hinein!«

Gesagt, getan. Am folgenden Abend kam er mit einer grauroten Decke in den großen Tatzen angestapft. Es folgte ein zeitraubender Abschied von den Polarheinzelmännchen, wobei Zero die Decke auf dem Eis ausbreitete. Als wir uns endlich darauf stellten, sagte Nikolaj: »Woher hast du die Decke? Die kommt mir bekannt vor!«

»Ich habe sie vor hundert Jahren im Norden von Tibet gefunden, als ich von einem Verwandtenbesuch im Himalaja heimkehrte.«

»Allmächtiger!« sagte Nikolaj. »Die Decke gehörte Nikolaj Prschewalski*, der ist tatsächlich mal bis Nordtibet gekommen. Ich erzähle euch unterwegs davon.«

Zero zog die Decke an den vier Enden um uns hoch, so daß wir wie in einer warmen Höhle saßen, nahm sie in die Hand und marschierte sofort los. Wir waren ihm nun völlig ausgeliefert. »Keine Bange«, brummte Nikolaj, »Yetis sind absolut zuverlässig.«

In unserer Decke war es stockdunkel und roch es nicht allzu frisch. Wir schienen ein gewaltiges Tempo draufzuhaben.

»Tja, dieser Prschewalski«, sagte Nikolaj, »den habe ich im November 1871 noch gesehen, als er von Kiachta in die Mongolei zog. Er war ein zäher, pfiffiger Bursche und reiste mit Kamelen, hielt sich damals drei Jahre in der Mongolei auf und kam bis nach Nordtibet. Dann aber waren seine Kamele erschöpft. Ich hatte dort damals zufällig zu tun und nächtigte in seinem Zelt. Frische Kamele waren nicht zu bekommen, da hat er auf meinen Rat hin auf Jaks umgesattelt. Jaks sind Gebirgsrinder mit unvergleichlichen Eigenschaften. Sie können bis zu 6000 Meter Höhe hinaufklettern und steigen mit mehr als 120 Kilo Gepäck ohne jeden Fehltritt an Abgründen entlang über die schmalsten Felspfade, auf die sich selbst Gemsen nicht hinauftrauen.

Aber aus Geldmangel mußte Prschewalski zurück. Er hat noch das nach ihm benannte Wildpferd in der Mongolei entdeckt und außerdem das wilde Kamel. Diese Decke muß er unterwegs irgendwo verloren haben. In ihr zu reisen ist übrigens auch für uns Heinzelmännchen keine alltägliche Sache. Denn wir verfügen ja selbst über eine ganze Reihe eigener gewohnter Transportmittel.«

Der wilde Jak lebt in Höhen bis zu 6000 Meter. Der Bulle wiegt bis zu 1000 Kilo, die Kuh bis zu 400 Kilo. Das Fell ist lang und schwarzbraun. Zahmer Jak: Bulle bis 700 kg, Kuh bis zu 350 kg. Farbe: heller, manchmal scheckig. Milch: dick und sahnig. Findet auch als Reittier Verwendung. In Schneestürmen stehen oder liegen die Tiere manchmal tagelang, ohne einen Muskel zu rühren, so daß sie wie tot wirken.

Yak

Prschewalski-Pferd

Nikolaj Michailowitsch Prschewalski

* Nicolaj M. Prschewalski, 1839–1888, russischer General. Unternahm vier Entdeckungsreisen durch Asien und Tibet.

Troika, Elch und Polarfuchs sind nicht die einzigen Transportmittel!

Zu Fuß legt das Heinzelmännchen bei günstigen Wetterverhältnissen pro Nacht 20 km zurück,

sogar wenn es einen Nußschlitten zieht

oder ein verirrtes Auerküken trägt, wobei der altbekannte Rucksack und der ebenfalls auf dem Rücken getragene Obstkorb ihm gar nichts ausmachen.

Für eilige Besorgungen benutzt es das schon vor 11 000 Jahren von Heinzelmännchen erfundene Laufrad.

Eilt es nicht, so genügt ihm die wenig originelle Schubkarre.

Für größere Ladungen, beispielsweise Mergelerde, bedient es sich des Trachtdreirades.

Und ist der Eule ein Küken aus dem Nest gefallen, so wird für den Transport dieses Dummkopfes ein Tragschlitten bevorzugt.

Heinzelmännchen behalten gern trockene Füße.

Aus dem Stand springen sie, wie Frösche, mühelos 80 Zentimeter weit, mit schnellem Anlauf sogar 2 Meter 40!

Ist das Ufer nicht zugänglich, weil es zu dicht bewachsen oder zu sumpfig ist, so kommen Heinzelmännchen mit Stabsprung knochentrocken selbst über unglaublich breite Gewässer.

Der Otter (siehe auch: Das große Buch der Heinzelmännchen) ist ein treuer Fährmann

Flöße werden ohne Zuhilfenahme eines einzigen Nagels gebaut.

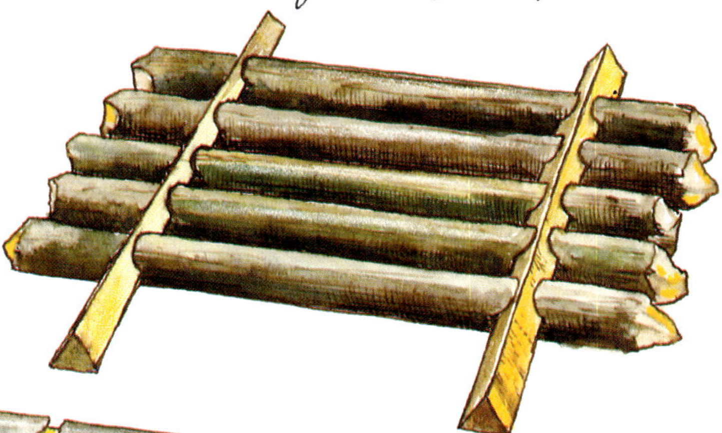

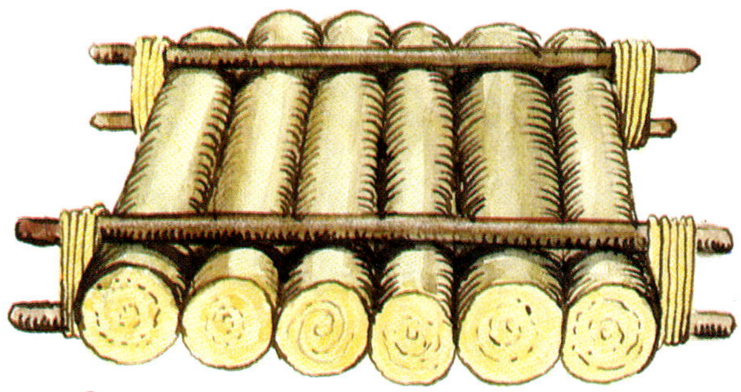

Obwohl Heinzelmännchen äußerst ungern schwimmen, bleibt ihnen manchmal keine andere Wahl.

Der Gürtel erweist gute Dienste beim Trockenhalten von Kleidung und Gepäck.

Auch Schnee und Eis sind kein Problem (Schneematsch ausgenommen), denn Heinzelmännchen sinken <u>nicht</u> ein.

Großen Spaß machen ihnen <u>Abfahrtslauf</u> und <u>Skispringen</u>.

Haben sie es eilig, so pfeifen sie einen Fasan herbei.

Ansonsten gibt es Frachtschlitten jeder Art

und ferner den Pickschlitten (wenn man sich eine Schlittenspur ganz genau ansieht, kann man manchmal die winzigen Löcher im Schnee erkennen).

Auch Eistanz ist sehr beliebt.

Ohne durch Haken, Seile, Spitzhacken oder dergleichen behindert zu werden, steigen Heinzelmännchen auf und ab über die steilsten Berge. Abwärts geht es noch schneller als aufwärts, und zwar ohne zeitraubenden Zickzackkurs, da sie mit Hilfe ihres Stockes jede kleine Unebenheit ausnutzen, um in einer geraden Linie zu Tal zu eilen.

Der Lufttransport

ist für weite Reisen gedacht oder auch für das Überfliegen von Baumschulen und überflutetem Gelände, für die Beobachtung gestauter Bäche und für das Karthographieren von Grünflächenverlusten bzw. -erweiterungen. Auf solchen Flügen kommt oft die ganze Familie mit: Die Arbeit wird sozusagen mit einem Familienausflug verbunden.

Auch der Storch sorgt für zuverlässigen Transport,

allerdings nur im Frühling und im Sommer.

Ungenaue Beobachtungen dieses Vorganges trugen zu der irrigen Auffassung bei, der Storch würde neugeborene Babys verteilen.

Manches gutgemeinte Transportangebot kann das Heinzelmännchen jedoch einfach nicht annehmen.

Es mag vielleicht übelgenommen werden, wird aber jedem einleuchten: Ein Ritt auf einem Igel kommt natürlich nicht in Frage.
Und die Schildkröte ist zu träge, um sinnvolle Hilfe zu leisten,

und das Eichhörnchen ist zu sehr von Flöhen verseucht.

Es macht dem Heinzelmännchen nichts aus, ob es auf seinen Wanderungen hellichter Tag oder stockdunkle Nacht ist; dank seiner hervorragend entwickelten Nachtaugen entgeht ihm nichts.

Auch in dunklen unterirdischen Gängen findet es sich unbeirrt zurecht.

Will es ein offenes Gelände ungesehen überqueren, so bohrt es seine Zipfelmütze durch den Schnee und kriecht selbst bequem hinterher (für geübte Beobachter gut sichtbar).

Falls nötig kann das Heinzelmännchen dieses Verfahren auch in lockerer Erde anwenden.

Allzuoft werden solche dicht unter der Erdoberfläche liegenden Stollen allerdings mit Maulwurfgängen verwechselt. Es kann denn auch nicht genug gewarnt werden, mit dem Aufstellen von Maulwurfsfallen vorsichtig zu sein.

Wir wurden müde und haben an die nächsten Stunden oder Tage keine Erinnerung mehr. Wahrscheinlich hatte der Yeti uns betäubt. Wir kamen erst wieder zu uns, als er sagte: »Wir sind da.« Die Decke wurde auf den Boden gelegt, und als wir uns daraus befreit hatten, standen wir vor einem runden Berg, in den eine roh gezimmerte Pforte mit der Aufschrift »3. Ballon« hineinführte. Zero hatte uns genau vor der Station Altai abgesetzt.

Dem Yeti selbst war gar nicht wohl zumute. Er sah nervös um sich und murmelte unaufhörlich: »Nur nicht gesehen werden! Muß mich aus dem Staube machen! Zuviel Menschen hier!«

»Soll ich dir einen großen Iglu bauen?« fragte Nikolaj. »Dann kannst du dich verkriechen.«

Aber der Yeti eilte schon davon, ohne sich noch einmal umzusehen. Nikolaj zuckte die Schultern und klopfte an die Pforte. Eine Trollfrau erschien.

»Tag Knöchelchen«, sagte Nikolaj. »Ist Kork III nicht zu Hause?«

»Kork krank!« sagte die Frau.

»Dies ist die ursprüngliche Familienhöhle von Kork III«, erzählte Nikolaj uns. »Nach ihrer Bekehrung haben Kork und seine Frau die Sippe hinausgeworfen.«

Im Innern des Berges befand sich eine typische Trollhöhle. Ein Bach floß hindurch, und es waren noch (jetzt nicht mehr benutzte) vergitterte Verschläge für geraubte Kinder vorhanden. Unter der Decke schwebten zwei Ballons. In einer Ecke lag ein fetter Troll auf einem Lager aus Fichtenzweigen. Als wir vor ihm standen, legte er stöhnend die Hände auf seinen Bauch. Wir entblößten diesen und untersuchten ihn.

»Totale Verstopfung durch übermäßiges Essen«, sagte Nikolaj dann. »Nichts Ernstes. Er muß kräftig abführen!«

Er zeigte uns, wie wir eine sogenannte Tabaksklistierspritze schneiden mußten, und begann selbst währenddessen, eine riesige Tabakspfeife zu schnitzen. Als alles fertig war, zauberte er aus einer seiner niemals leer werdenden Taschen einen Ballen Tabak hervor, stopfte die Pfeife, zündete sie an und reichte sie der Trollfrau. Als sie Wolken von dichtem Tabaksqualm auszustoßen begann, steckte Nikolaj dem kranken Kork III die Klistierspritze ins Hinterteil und hieß die Frau, zahlreiche Rauchwolken hineinzublasen. Anfangs tat sich nichts. Aber nach einer Viertelstunde riß Kork III die Spritze plötzlich heraus, stand von seinem Lager auf und rannte nach draußen, wobei er die Pforte hinter sich offenließ. Im nächsten Augenblick erschallten im Wald Laute wie von einer Explosion.

»Laßt ihm einen Augenblick Zeit«, sagte Nikolaj und zog die Pforte diskret zu. Es war acht Uhr abends, und wir hatten Hunger. Raschelnd holte Nikolaj aus einem Vorratsschrank allerlei Eßbares, und wir hatten das Gefühl, in die bewohnte Welt zurückgekehrt zu sein, wenn wir auch nur in der Taiga mitten in Sibirien saßen. Jedenfalls hatten wir aber die eisigen Polargegenden hinter uns und konnten wieder mit dem Ballon weiterreisen. Aber noch immer hatte Nikolaj uns nicht einmal angedeutet, was uns am Jenissei eigentlich erwartete.

Das TABAKSRAUCHKLISTIER, auch Tabaksklistierspritze genannt, wurde 1774 aus der Welt der Heinzelmännchen in die der Menschen übernommen und zum erstenmal vom Niederländischen Seenotdienst angewendet. Die Wirkung der Spritze bedarf keiner näheren Erläuterung.

Eine halbe Stunde später kam Kork III aus dem Wald zurück, grün um die Nase und mit Schweißtropfen auf der niedrigen Stirn, aber sichtlich erleichtert. Nikolaj ließ ihn sofort einen Ballon hinausbringen, und eine Stunde später waren wir bei günstigem Wind oben in der Luft, auf dem Wege zu Kronenkork, der in der Nähe des Gebirgsortes Pit Gosodol am Jenissei wohnte. Wir wußten immer noch nicht, was uns dort erwartete.

Der Flug zu Kronenkork verlief günstig. Er dauerte fast drei Tage, und es gab keine Zwischenfälle.
Unterwegs schwebten wir über einen kahlen Hügel hinweg, auf dem ein auffallend kleiner Elch den Schnee weggekratzt hatte und Moos fraß. Nikolaj rief ihm aus der Luft einen Gruß zu, den er mit betonter Herzlichkeit erwiderte. »Das ist Einauge, der Elch-Zwerg«, sagte Nikolaj. »Er heißt so, seit er ein Kalb war. Ich habe ihn damals, als er vier Monate alt war, halbtot in einem Fluß gefunden. Die Mücken hatten ihn überwältigt. Das passiert hier manchmal. Seine Augen, Ohren und Nase und sein Maul waren von abertausend Mücken bedeckt, die alles zu einem blutigen Kuchen zerstochen hatten. Er hatte sich ins Wasser gelegt, um sie loszuwerden, doch das gelang ihm schon nicht mehr. Ich habe alles, so gut es ging, gereinigt, aber das linke Auge war nicht mehr zu retten, ich mußte es entfernen. Sein Wachstum war auch lange Zeit gehemmt, obwohl ich seine Mutter ausfindig machen konnte. Sie hatte ihn im Stich gelassen, hatte aber gerade noch genug Milch im Euter, um ihn säugen zu können.«

Die letzte Ballon-Station war größer als die anderen. Wir begegneten dort mehreren Heinzelehepaaren, die auf günstigen Wind warteten. Wir schnallten wieder die Skier unter, denn auch hier lag noch immer eine dicke Schneedecke.
Kronenkork war ein hochbetagter Troll ohne Schwanz. Er trug eine große Hornbrille auf der Nase. Die Brillengläser waren wahrscheinlich aus Fensterglas. Der Troll, meinte Nikolaj, könne ein paar Worte lesen und habe auch einen Flugplan aufgestellt, der allerdings wertlos sei, denn alles hinge ja vom Wind ab.
Kronenkork tat allerdings so, als sei er auch bei der kleinsten Kleinigkeit unentbehrlich und machte sich sogar an unseren Skiern zu schaffen, bis Nikolaj ihn in die Schranken wies.
Wir begaben uns zu dem vierzig Kilometer südlicher gelegenen Haus von Nikolaj. Die schneebedeckte Taiga war sehr eindrucksvoll. Wir kreuzten die Spuren zahlreicher Tiere, sogar einen Zobel und einen Vielfraß bekamen wir zu sehen.

Der Vielfraß, auch Gebirgskatze oder Gulogulo genannt, ist ein etwa ein Meter langer Gebirgsmarder aus dem hohen Norden. Er wird wegen seines Fells, in dem sich kein Kondenswasser der Atmung und also bei Frost kein Reif bildet, stark verfolgt und lebt daher nur noch in den unzugänglichen Gebieten des hohen Nordens.

Als wir im großen Bogen um ein Dorf zogen, entdeckten wir einen Rehbock in einer Schlinge. Das Tier lebte noch, war aber außer sich vor Atemnot und Todesangst. Nikolaj versuchte ihn zu beruhigen, da wir sonst nicht an ihm hochklettern konnten, um die Stahlschlinge durchzusägen, aber er begann jedesmal wieder zu toben und zu ziehen, wobei sein Hals immer fester zugeschnürt wurde. Es war ein schrecklicher Anblick. Blut und Schaum traten ihm aus dem Maul, und er schien nicht mehr lange durchhalten zu können. Als er vor Erschöpfung einen Augenblick stillhielt, kletterten wir hastig bis zur Schlinge hoch und begannen abwechselnd mit den ausgeklappten Sägen unserer Messer zu sägen. Zwei von uns zogen die Schlinge vom Fell hoch, und der dritte sägte. Aber es war nicht einfach, sich durch den geflochtenen Stahldraht durchzuarbeiten, und das Zappeln des Bocks störte uns sehr. Als wir den vorletzten Draht der Schlinge geschafft hatten, schickte Nikolaj uns hinunter, weil zu erwarten war, daß der Bock nach dem Lösen des letzten Drahtes sofort davonstürmen würde.

Kaum riß die Schlinge endgültig, da stürmte der Bock tatsächlich schwankend davon. Nikolaj wurde mit einem dumpfen Knall gegen einen Baum geschleudert und blieb am Boden liegen. Als wir neben ihm niederknieten, sagte er, ohne mit der Wimper zu zucken: »Mein Bein scheint gebrochen zu sein. Helft mir bitte, den Stiefel auszuziehen!«
Er hatte in der Tat ein gebrochenes Schienbein. Dies war einer der ganz seltenen Fälle, in denen ein Tier einem Heinzelmännchen Schaden zufügt.
Nikolajs rechter Unterschenkel stand in Bajonettstellung, was bedeutete, daß außer dem Schienbein auch das Wadenbein gebrochen war.
In der Taiga um uns herum wuchsen zwar Zedern, Kiefern, Fichten, Birken und Ebereschen, aber kein Holunder, so daß wir weder Beinwurz noch Arnika finden konnten, um den Heilungsprozeß zu beschleunigen. Einer von uns zog vorsichtig am gebrochenen Bein, bis die beiden Fußsohlen in gleicher Höhe waren, während der andere aus den Zweigen der Eberesche einen Schienverband machte, der fest mit dem gebrochenen Bein verschnürt wurde. Es mußte furchtbar schmerzhaft sein, aber Nikolaj gab keinen Ton von sich. Er verabreichte sich nur selbst kräftige Schlucke Branntwein. Dann schnitten wir seinen Strumpf und seinen Stiefel in Streifen und umwickelten ihm damit den Fuß, um ihn gegen die Kälte zu schützen.
Wir waren noch fünfzehn Kilometer von seinem Haus entfernt. Von einer Weide, die in einiger Entfernung an einem kleinen Fluß stand, schnitten wir Zweige ab, um daraus eine Tragbahre zu flechten.
Als alles fertig war, knurrte Nikolaj zustimmend. Wir schnallten wieder die Skier unter und setzten uns vorsichtig in Bewegung. Am Anfang ging es schlecht, und wir rutschten ein paarmal aus, worauf von der Trage her einige Kraftausdrücke zu vernehmen waren, aber nach mehreren hundert Metern hatten wir einigermaßen Übung, und schließlich ging es flott voran. Nikolaj wies uns den Weg. Zwei Stunden später standen wir vor einer dicken Zeder, unter der sein Haus lag. Als wir ihn hineinschleppen wollten, sagte er: »Halt!

Das sibirische Reh ist viel größer und schwerer als das europäische, trägt aber gleichwohl ein Sechsergehörn.

So kommen wir nie durch die Drehtür. Ihr müßt erst meiner Frau Bescheid sagen.«
Er hatte recht. Wir betraten die Öffnung, gingen durch einen langen Gang und klopften an eine Tür. Das leichte Mißtrauen der stämmigen sibirischen Heinzelfrau, die uns öffnete, verwandelte sich bald in Sorge um ihren Mann, und sie rannte vor uns her nach draußen.
Nikolaj hatte sich wahrhaftig auf einem Bein aufgerichtet. Sie umarmten einander, und Rufe wie »Ach du, mein Täubchen« und »Mein Bärchen, was ist dir geschehen?« nahmen kein Ende. Nikolajs Frau hieß Sofja Wladimirowna, und mit unserer gemeinsamen Hilfe gelang es ihm, hineinzuhumpeln. Der Patient wurde ins Bett gebracht, und wir bekamen ein üppiges Mahl. Anschließend entfernten wir den provisorischen Schienverband von Nikolajs Bein, rieben die verletzten Hautstellen vorsichtig mit einer dicken Schicht von Sofjas Arnikasalbe ein und machten dann aus längs gespaltenen Holunderzweigen eine bessere Schiene.

Als wir schließlich todmüde noch eine Weile beisammensaßen, sagte Nikolaj gutmütig: »Ich werde euch nun endlich einmal alles erzählen. Meine Landsleute waren über die Teile eures ersten Buches, in denen wir so schlecht abschnitten, dermaßen erbost, daß sie euch vor unserem Gericht verklagen wollten. Die Reise nach Lappland war ein mehr oder weniger harmloser Anfang, um die westlichen Heinzelmännchen zufriedenzustellen, aber danach wollten wir euch hier in Sibirien haben. Mirko war zuerst dagegen, aber dann mischte der König sich ein, und Mirko gab nach. Ich wurde beauftragt, euch in Lappland abzuholen und unterwegs euer Verhalten zu beobachten.
Anfangs war ich ein bißchen grob aus Unsicherheit, wofür ich mich übrigens noch entschuldigen möchte. Der König verbot auch, Euch alle Bände des Geheimbuches sehen zu lassen. Aber ich muß sagen, daß ich unterwegs eine immer bessere Meinung von euch bekam, und ich habe inzwischen von Kronenkorks Haus aus einen geheimen Bericht zum Königshof geschickt. Mir wurde geantwortet, es läge bei mir, ob ihr noch vor Gericht gestellt werden sollt. Und wo ihr jetzt das Bein so ausgezeichnet behandelt habt ... Also kurz und gut: Es wird nichts daraus. Ich habe das Verfahren eingestellt. Ihr dürft nach Hause, aber unter drei Bedingungen! Und die erzähle ich euch heute abend, denn jetzt müssen die völlig erschöpften Glieder sofort in den Alkoven!«

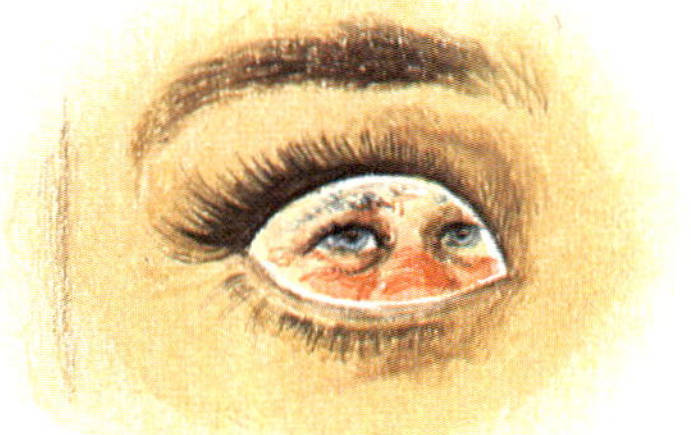

Leicht verwirrt taumelten wir ins Bett. Sofja, die zu glauben schien, daß wir ihrem Mann geradezu das Leben gerettet hatten, deckte uns persönlich zu, aber das merkten wir schon nicht mehr.
Als wir am Abend ausgeschlafen und in Ruhe miteinander gegessen hatten, sagte Nikolaj plötzlich: »Und jetzt die Bedingungen für eine ungehinderte Abreise:

1. Euch wird zur Auflage gemacht, alle häßlichen und unwahren Angaben über die sibirischen Heinzelmännchen in eurem nächsten Buch zu widerrufen.*
2. Ihr habt euch noch einigen kleinen Prüfungen zu unterziehen.
3. Ihr versprecht die Erfüllung eines lebenslänglichen Auftrages, den wir euch in einer Botschaft mit auf den Heimweg geben.

Lachend fuhr er dann fort: »Und nun werdet ihr an einen Platz gebracht, wo ihr in aller Ruhe eure Müdigkeit ausschlafen könnt. Und jetzt sage ich nichts mehr!«
Nikolaj drückte uns schweigend die Hand. Als wir fragten, ob dies unser Abschied sei, schwieg er.
Sofja brachte uns zu einer hochgelegenen Berghöhle und ging zurück. Durch einen langen Gang kamen wir an eine Tür mit einem geschlossenen Auge. Als wir klopften, öffnete es sich.

* Was wir hiermit tun. H. und P.

Dann ging die Tür selbst auf, und vor uns stand ein Heinzelmännchen, breitgrinsend und eine souveräne Ruhe ausstrahlend. Es sagte äußerst liebenswürdig: »Richtig! Der Besuch aus Holland! Nikolaj hat euch schon angemeldet. Seid willkommen in Morpheus' Armen, ich bin der Sandmann.«
Das hatte Nikolaj also gemeint. Die Müdigkeit ausschlafen beim Sandmann – und das mitten in Sibirien! Allmählich war bei den Heinzelmännchen nichts mehr verrückt genug!
Als wir im Wohnzimmer in einem Lehnsessel saßen, blickten wir um uns. Wir hatten hier in der Residenz des Sandmanns Allegorien auf den Schlaf und einschläfernde Sprüche erwartet, es hingen jedoch ganz andere Dinge an den Wänden.

Der Sandmann hatte ein Gesicht wie ein riesiger Boskop-Apfel mit tausend Fältchen. Wie er den Schlaf auf Erden verbreitete, wollte er uns nicht verraten, aber es schien sich um magisch-stratosphärische Vorgänge zu handeln, bei denen die vierte Dimension eine wichtige Rolle spielte.
»Genau wie am Rande eines Schwarzen Loches im Weltraum die Zeit stillsteht, so lasse ich die Schlafbedürftigen ins Zeitlose versinken«, sagte er schlicht.
Dann durften wir einen Blick in seine Kellerräume werfen, wo unzählige mit Schlafsand gefüllte Säcke gestapelt lagen. Auf einigen stand geschrieben: »Mit Zutaten für den WINTERSCHLAF.« Später machten wir Spiele.
»Mußt du nicht weg, um den Menschen zum Schlaf zu verhelfen?« fragten wir.
»Nein«, sagte er, »es gibt Nächte, in denen jeder für sich selbst sorgen muß. Ich kann nicht ewig unterwegs sein, dafür bin ich nicht mehr jung genug. Ich bin so alt wie die Welt.«
Dann erzählte er uns ein paar reizende, aber höchst ermüdende Geschichten über bekannte Persönlichkeiten mit Schlafstörungen, so daß wir beinahe vom Stuhl fielen und um Stunden zu früh mit sandigen Augen in ein prächtiges Bett stiegen, in dem Morpheus' kräftige Arme uns bald umschlangen.

Die erste Prüfung

Wir wachten auf in einem tropischen Tal zwischen grünen Bergen. Die Sonne ging gerade unter, und die Hitze war zum Ersticken. Wo waren wir, und in welchem Zeitalter? Weit und breit sah man jedoch keine Menschenseele, die uns hätte aufklären können. Wir grübelten und fühlten uns gar nicht wohl. Wahrscheinlich erwartete man, daß wir etwas unternehmen würden. Aber was? Vielleicht hatte man uns in der Wildnis ausgesetzt, um zu prüfen, ob wir die Lektionen in der Kunst des Überlebens, die die Heinzelmännchen uns erteilt hatten, in die Praxis umsetzen konnten.

In der Tiefe strömte ein Fluß. Schließlich mußten wir ja irgendwohin. Darum schien es uns das beste zu sein, den Fluß entlang zu gehen (von Nikolaj hatten wir gelernt, wenn wir den Weg verloren hätten, immer dem nächstliegenden Fluß stromabwärts zu folgen), umsomehr, als der Wasserstand niedrig war und man auf dem Ufersand gut vorankam. Dichte Schwärme von Stechmücken und anderem fliegenden Getier begleiteten uns. In weiter Ferne kreisten über den Bergen zwei schwarze Krähen. Unterwegs machten wir uns vor dem Gesicht eine Art Mückennetz, indem wir Grashalme unter den Rand unserer Zipfelmütze steckten, und die Hände versteckten wir unter unserem Bart.

Plötzlich entdeckten wir zwischen den Steinen am Ufer das Heinzelmännchenzeichen für »Gefahr! Links Abbiegen!«. Hier waren also Heinzelmännchen gewesen! Wenn wir aber nach links gingen, würde unser Weg quer ins Gebirge führen, und dort würden wir uns mit Sicherheit verirren. Da das Zeichen uns viele Jahre alt zu sein schien, war offenbar die Aussicht, in den Bergen Heinzelmännchen zu begegnen, gering, und aus diesem Grunde beschlossen wir, geradeaus weiterzugehen.

Seit undenklichen Zeiten haben Heinzelmännchen einander in Wald und Flur Geheimzeichen mit Zweigen gegeben.

Hier einige Beispiele:

300 Meter nach rechts gehen.

← Allgemeines Zeichen für Gefahr.

nach rechts, links und rückwärts suchen. ↘

Achtung – Trollfalle! ↓

Ein am Zweig einer Eiche befestigter Kienapfel ist nämlich etwas genauso Dummes, wie ein Troll selbst

und genauso unsinnig wie ein Fasanenhahn mit dem Schwanz eines Birkhahnes ↓

(wobei die Heinzelmännchen übrigens nicht die Hand im Spiel haben, das Beispiel soll hier nur zur Erläuterung dienen).

oder eine Waldschnepfe mit
dem Schwanz eines Erpels,

oder ein Reh
mit
Mufflongehörn,

ein Fuchs mit
den Hauern eines
Wildschweines,

ein Kaninchen
mit langem Schwanz,

ein Keiler mit Rehbockgeweih, eine Elster
mit dem Kamm und
den Kehllappen
eines Gockels

oder eine harmlose Ente
mit Fasanenschwanz!

Kaum hundert Meter weiter purzelten wir dann in unserer Torheit in eine unter dem weißen Flußsand versteckte Fallgrube mit senkrechten Felswänden.
Bei Sonnenaufgang standen wir grün und blau in einem Käfig vor einer Art von bartlosem Neanderthaler mit Lendenschurz und einer Halskette aus gelben Zähnen. Er hob uns mit dem Käfig hoch und schüttelte uns unter dröhnendem Gelächter tüchtig durch. Wir befanden uns in einer Wohnhöhle, und er stellte den Käfig an die Wand. In der Höhle verrichteten ein paar Frauen schweigend ihre Arbeit, und ein untertäniges Männchen brachte uns eine dicke Fleischsuppe. In einer Felsnische auf der anderen Seite der Höhle standen ein Heinzelmännchen und eine Heinzelfrau auf einem kleinen Brett. Sie sahen verhungert und elend aus.
»He, ppst!« rief der Mann in der Heinzelmännchensprache, »Wo kommt ihr her?«
»Vom Sandmann in Sibirien.«
Er schaute uns zweifelnd an. »Kannst du uns nicht aus dem Käfig holen?« fragten wir.
»Wir sind auf diesem Brett festgeklebt«, sagte die Frau traurig. »Wir müssen Wetterfrösche spielen. Wir sind die letzten Heinzelmännchen dieses Landes. Kiefer, der uns hier gefangen hält, hat sie alle aufgefressen oder vertrieben.«
»Bei seiner Geburt wurde Kiefer, dem Häuptling, von einer Hexe prophezeit, daß er unfruchtbar bleiben würde«, sagte der Mann. »Aber sie fügte hinzu, daß Abhilfe nur von den Heinzelmännchen kommen könne. Kiefers Frauen sind tatsächlich kinderlos. Er hat alle Heinzelmännchen hierzulande fangen lassen. Er hat sie um Hilfe angefleht, dann verhört und gefoltert, und schließlich ist er in seinem einfältigen Hirn auf die Idee gekommen, sie mästen und auffressen zu müssen, damit ihre Potenz auf ihn übergeht. Ihr werdet auch gemästet und aufgefressen.«
Eine der Frauen warf eine Decke über unseren Käfig, so daß wir uns nicht weiter mit den Heinzelmännchen unterhalten konnten.
Doch hatten wir uns gegen Morgen eine Lösung einfallen lassen. Als das Tuch vom Käfig genommen wurde, damit wir Brei vorgesetzt bekamen, riefen wir Kiefer zu, daß wir ihm helfen könnten. Es dauerte mehrere Stunden, bis wir seinen Argwohn zerstreut hatten, dann aber ging er auf unseren Vorschlag ein: Er müsse dafür sorgen, daß alle seine Frauen, die über das gebärfähige Alter hinaus waren und folglich zunehmend männliche Hormone produzierten, in ein und denselben Steintopf pinkelten. Wenn wir uns frei bewegen dürften, würden wir für alles übrige schon sorgen.

Aus tropischem Hartholz schnitzten wir eine primitive Injektionsspritze, kondensierten den Urin vorsichtig auf kleiner Flamme und spritzten Kiefer dreimal wöchentlich ein paar Kubikzentimeter in die strammen Hinterbacken. Die Nadel war viel zu dick, aber dieser rauhe Geselle konnte einiges vertragen. Und man muß einräumen, daß Kiefer die Behandlung willig über sich ergehen ließ.
Und siehe da: Die von uns nach obigem Verfahren gewonnenen Hormone taten ihre Wirkung. Bald war Kiefers jüngste Frau schwanger. Kiefer selbst fühlte sich stark wie ein Bär und ließ nichts mehr auf uns kommen. Die erste von uns gestellte Forderung war, daß das Heinzelehepaar aus dem Wetterhäuschen befreit wurden. Die Ärmsten mußten zunächst wieder laufen lernen, aber sie schafften es schnell. Danach forderten wir Wiedergutmachung und Sicherheit für alle anderen Heinzelmännchen, und bald kehrten alle, die hier aus ihrer Heimat in die umliegenden Länder geflohen waren, zurück. Aber wir waren Kiefer noch nicht los. Obwohl wir den Medizinmann seines Stammes gelehrt hatten, die Injektionen auszuführen, bestand Kiefer darauf, daß wir bei der Geburt seines ersten Kindes assistieren sollten. In der Zwischenzeit nahm er uns auf all seinen Raubzügen mit. Wir sahen Elefanten, Löwen, Tiger, Antilopen und Kamele.
Aber schon bald hatten wir genug von der Hitze und den Mücken, und auch das fortwährende Niedergemetzel benachbarter Stämme und das Zutodeknüppeln der Bisons und Mammute in den Fallgruben widerte uns immer mehr an. So manche Stunde lagen wir wach und sannen auf einen Fluchtplan, bei dem wir unser Ehrenwort nicht zu brechen brauchten. Und noch im Schlaf verfolgte uns der Gedanke daran.

Da wachten wir plötzlich auf und befanden uns wieder beim Sandmann. Sein lachendes, runzliges Gesicht schaute unter dem roten Baldachin hervor, und er sagte:
»Diese Prüfung zu bestehen, war für moderne Europäer in einem primitiven Land kein großes Problem, nicht wahr? Dumm von euch, daß ihr die Warnzeichen der Heinzelmännchen nicht beachtet habt. Aber gut, daß ihr Wort gehalten habt. Ich habe euch dort weggeholt, denn ihr ward drei Monate da, wenn hier auch inzwischen nur drei Tage vergangen sind.«
In der Nacht erklärte der Sandmann uns das Wesen des Schlafs. Sein Vortrag hielt den wissenschaftlichen Erkenntnissen auf allen Fachgebieten stand, aber der Sand machte es uns zuletzt schwerer denn je, die Augen offenzuhalten. Danach erzählte er uns die Geschichte vom Dornröschen, und zwar so, daß Gustave *Doré,* der dieses berühmte Grimmsche Märchen so eindrucksvoll illustriert hat, uns nicht eindrucksvoller durch das stille Schloß hinter der undurchdringlichen Dornenhecke hätte führen können. Und dann erzählte er das Märchen von Schneewittchen und den Sieben Zwergen. Und das Märchen vom Rumpelstilzchen und viele andere mehr, immer auf die gleiche, außerordentlich fesselnde Weise.
»Schaut mal«, sagte er einmal, »in jener nebelhaften Vergangenheit, in der die meisten Märchen entstanden sind, bildeten Heinzelmännchen einen völlig normalen Teil der Gesellschaft. Und das leuchtet euch doch wohl ein, daß sie bei der Abfassung all dieser Märchen eine große Rolle gespielt haben? In Märchen äußern sich ja immer, dichterisch umschrieben, Ur-Wünsche und Ur-Erfahrungen. Das Böse muß bestraft, der Gefangene oder Verzauberte befreit, das Häßliche bildschön, der Drache unschädlich gemacht, der Dummheit und Grausamkeit Einhalt geboten werden. Was klein und schlau ist, trägt den Sieg davon, die Riesen werden entmachtet. Es ist genau das, was wir Heinzelmännchen immer getan haben. Natürlich traten die Heinzelmännchen in vielen Märchen auch selbst in Erscheinung. Aber durch die mündliche Überlieferung – früher konnte ja kaum einer lesen und schreiben, nicht wahr? – ist die Heinzelmännchenfigur manchmal verstümmelt oder sogar ganz weggefallen. Bedenkt, daß viele Märchen in der jüngsten Steinzeit und in vorindogermanischen Kulturen entstanden sind! Und glaubt nur nicht, daß sie damals für Kinder gemacht wurden! Sie entstanden unter Erwachsenen, deren geistige Entwicklung ungefähr der des heutigen Kindes entsprach und die genau wie unsere Kleinen beim Zuhören Augen und Ohren aufsperrten.«

Nach einer Pause fuhr der Sandmann fort: »Natürlich spielt das Unterbewußtsein oder, wenn ihr so wollt, das Unbewußte eine große Rolle im Märchen, fast immer in der Form eines großen Sees oder eines dichten Waldes, Symbole für die unbekannte, gefahrenvolle Welt, in der Gegenwart, Vergangenheit und Zukunft sich vermischen und nichts unmöglich ist. Dabei handelt es sich doch nur um die vertrauten, allgemein bekannten Traummuster Wald und Wasser, und gerade das macht die Märchen so einprägsam. Wenn man fest an etwas glaubt, existiert es auch. Im Herzen empfindet man etwas als lebendige Wirklichkeit und kann es somit auch mühelos in das Umfeld des eigenen Ichs projizieren. Kurz und gut: Was man sehen *will,* das sieht man! Wenn ihr länger bleiben würdet, würde ich mit euch unsere eigene Märchenwelt durchwandern, sie würde euch tief beeindrucken. Aber ich werde euch den betreffenden Band des Geheimbuches nachschicken.«

Gegen Morgen, als unsere Augen schon fast zufielen, erzählte der Sandmann uns noch die Geschichte eines armen Holzfällers, der sieben Kinder hatte. Es gab nichts mehr zu essen, und er brachte die Kinder tief in den Wald, um sie loszuwerden. Aber das jüngste, das nur 15 Zentimeter groß war, hatte unterwegs kleine Steinchen gestreut, und so fand es mit seinen Geschwistern den Weg nach Haus zurück. Da waren Vater und Mutter sehr froh, die Kinder wieder bei sich zu haben. Aber es dauerte nicht lange, bis es wieder nichts zu essen gab und der Vater sie erneut fortbrachte. Diesmal hatte der Kleine Brotkrumen gestreut, vom letzten Stück Brot, das seine Mutter ihm als Wegzehrung mitgegeben hatte. Als die Kinder aber den Heimweg suchten, hatten die Vögel alle Krumen aufgepickt, und die Kinder waren nun wirklich verloren. Nach langem Umherirren stießen sie auf das Schloß eines Riesen ... Kurz und gut, es endete damit, daß das jüngste Brüderchen das Gold und die Siebenmeilenstiefel des Riesen stahl und mitsamt seinen Geschwistern gesund nach Hause zurückkehrte.
»Das ist doch das Märchen vom Däumling!« sagten wir.
»Selbstverständlich! Der Däumling war aber kein Mensch! Das ist wieder ein Beispiel solch einer Verstümmelung. Der Däumling war ein Heinzelmännchen, und zwar das berühmte Heinzelmännchen Thijm oder Thijmling. Ich habe damals, ich meine, es war 1697, zu Charles *Perrault* gesagt, der als erster schon vor den Brüdern Grimm das Märchen erzählt hat, daß ein Menschenkind niemals nur 15 Zentimeter groß sein kann, aber er wollte seinen Helden unbedingt zu einem Menschenknaben machen. Er erzählte mir damals, daß er sich seiner Märchen eigentlich schäme, er schreibe sie nur zum Spaß, dazu unter dem Namen seines Sohnes, und sie würden sowieso von keinem gelesen werden, da er eigentlich Gelehrter sei und kein Geschichtenerzähler.

Der Däumling aus dem Märchen mit seinen Siebenmeilenstiefeln war in Wirklichkeit ein Heinzelmännchen.

Die zweite Prüfung

Wir wachten in einem Land auf, das von Werwölfen heimgesucht wurde. Dörfer wurden niedergebrannt, Vieh gestohlen oder getötet, Wild umgebracht, Frauen vergewaltigt, Männer ermordet. Man schrieb das fünfzehnte Jahrhundert. Die verzweifelte Bevölkerung war vor Angst und Aberglauben gelähmt, umsomehr als die Werwölfe nachts gleichzeitig an mehreren Stellen wüteten.
Wir befanden uns im Grenzgebiet des Landes in einer Wildnis, die den Untieren als Ausgangspunkt für ihre Raubzüge diente. Wir suchten Spuren, fanden aber nur welche, die von Menschen herrührten, obwohl das Gebiet seit langem von keiner Menschenseele mehr betreten worden war. Doch am Abend des nächsten Tages hatten wir Glück: Vom hohen Baum, auf dem wir saßen, sahen wir drei Werwölfe einen Kahlschlag überqueren. Sie sahen fast wie normale Männer aus, waren jedoch in Wolfspelze gehüllt. In der Annahme, daß keiner sie beobachtete, schritten die Schurken aufrecht daher und unterhielten sich leise.
Nun war es kinderleicht für uns. Nahebei hoben wir am Rande der Wildnis eine tiefe Fallgrube aus, die mit selbstgefertigtem Stacheldraht überzogen wurde. Als die Werwölfe am Tage darauf die Wildnis verließen, zeigten wir

uns ihnen, während sie sich noch in aufrechter Haltung fortbewegten. Da ihnen klar war, daß wir ihnen auf die Schliche gekommen waren, verfolgten sie uns sogleich. Wir lockten sie zur Fallgrube, liefen selbst dank unseres geringen Körpergewichtes darüber hinweg und warteten auf der anderen Seite. Mit gräßlichen Verwünschungen auf den Lippen stürzten sie in die Tiefe, wobei ihre Wolfspelze im Stacheldraht hängenblieben. Am Tage darauf wurden sie von mehreren kräftigen Männern unschädlich gemacht und die Felle verbrannt.

Als wir wieder beim Sandmann aufwachten, setzte er sich zu uns auf die Bettkante und sagte: »Schon viel besser, ihr werdet immer besser! Schon fast wie richtige Heinzelmännchen.«

In der Hand hatte er einen Band des Geheimbuches, den wir noch nicht gelesen hatten. »Seht nur«, sagte er und zeigte auf zwei Lesezeichen, die aus dem Buch hervorschauten, »dort steht es, ihr könnt es nachlesen!« Er schlug die betreffenden Seiten auf, und wir folgten gespannt seinem runzligen Zeigefinger: »In der Wärmeperiode vor der jüngsten Eiszeit, ungefähr hundertdreißigtausend Jahre vor Beginn unserer Zeitrechnung, haben die Heinzelmännchen den wüsten Kiefer gezähmt, zum Wohle des Heinzelmännchentums in Asien.«

Alles war, unter Erwähnung unserer Vor- und Zunamen, exakt beschrieben. Und weiter hinten folgte die Geschichte der Werwölfe im finsteren Mittelalter. Wir waren wie vor den Kopf geschlagen. Der Sandmann lachte schallend. »Da kann man einmal sehen«, sagte er, »daß sich die beschwerliche Reise nach Sibirien doch gelohnt hat. Denn ihr mußtet ja die weite Strecke zurücklegen, weil ich der einzige bin, der euch in einen so tiefen Schlaf versetzen kann, daß ihr euch ungehindert in der Vergangenheit bewegen konntet. Und im übrigen mußtet ihr beweisen, daß eure ehrenvolle Erwähnung im Geheimbuch gerechtfertigt ist.«

Er ereiferte sich immer mehr.

Die dritte Prüfung und die Botschaft an die Menschen

Nach dem Frühstück zündete der Sandmann sich eine Pfeife an und lud uns ein, es ihm gleichzutun. Er schenkte drei Gläser Wein ein. »Ihr werdet jetzt abreisen«, sagte er und sah uns wohlwollend an. »Die beiden Prüfungen, denen wir euch unterzogen haben, habt ihr zur Zufriedenheit bestanden; es waren jedoch eigentlich nur Fingerübungen. Die dritte und schwerste Prüfung liegt noch vor euch!«
Aus seinem Gesicht schwanden fast sämtliche Lachfältchen, als er leise hinzufügte: »Es gab einmal einen Geist in einer Flasche, ein winziges, nacktes, machtloses Gespenst. Jahrhunderte hindurch war er in der Flasche gut aufgehoben gewesen, doch dann ließen ihn die Menschen heraus, und inzwischen hat er sich zu einem riesigen siebenköpfigen Drachen entwickelt. Wenn es euch nicht gelingt, dieses Ungeheuer, das alles Leben auf Erden bedroht, unschädlich zu machen, dann wird die Welt zugrunde gehen.
Wir begriffen noch nicht genau, worauf er hinaus wollte.
»Es ist an der Zeit, Generalalarm zu schlagen«, fuhr der Sandmann fort. »Wir bewegen uns auf immer schmaler werdenden Pfaden an immer tiefer werdenden Abgründen entlang. Das Ungeheuer, das ich meine, ist der DRACHE UMWELTVERNICHTUNG.
Sein erster Kopf heißt: KOMMT ZEIT, KOMMT RAT,
der zweite: SOLANGE ICH LEBE, WIRD'S NOCH GUTGEHEN,
der dritte: WAS ICH NICHT WEISS, MACHT MICH NICHT HEISS,
der vierte: NACH MIR DIE SINTFLUT,
der fünfte: WIR WERDEN SCHON SEHEN,
der sechste: ES WIRD SCHON WERDEN
und der siebente: MIR IST'S EGAL!«

Er begann rastlos im Zimmer auf- und abzugehen. Wir schwiegen. Er hatte recht. Das Ende der Welt nähert sich mit raschen Schritten. Und dabei hatte er noch nicht einmal die Zerstörung der Stille, die niemals zu reparierenden Lärmschäden erwähnt!
»Ihr Menschen könnt einander kaum noch etwas schenken, das keinen Stromstecker hat«, fuhr der Sandmann fort, »jeder Gebrauchsgegenstand muß Energie verschlingen. Fast alle Flüsse der Welt sind verschmutzt. Ins Meer wirft man radioaktive Abfälle in Fässern, die in wenigen Jahren durchgerostet sein werden. Das umweltfeindliche Gas aus euren Spraydosen vergiftet die Atmosphäre. Wirft ein Autofahrer zerknülltes Papier aus dem Fenster, so bekommt er einen Strafzettel, aber nach den Giftgasen, die er durch seinen Auspuff in die Luft bläst, fragt keiner! Ich frage mich wirklich, wer ist da noch normal und wer verrückt?«
Er ereiferte sich immer mehr. Wir kannten ihn kaum wieder. Aber er hatte in allem recht.
»Was ich um mich herum sehe, ist Raubbau der übelsten Sorte. Raubbau zu Wasser, Raubbau zu Lande, Raubbau in der Luft. In drei Erdteilen werden täglich Hunderte Quadratkilometer Wald gerodet; das ist nicht nur katastrophal für die Sauerstoffversorgung der ganzen Welt, sondern auch für den Fortbestand zahlloser Tierarten, die, wenn sie einmal in der Natur ausgestorben sind, nur noch als armselige Erinnerung ihrer selbst in den zoologischen Gärten zu besichtigen sein werden, oder nicht einmal mehr das.«
Er beruhigte sich etwas, setzte sich und sah uns mit durchdringendem Blick an: »Dies ist euer schwerster Kampf und gleichzeitig der Auftrag, der euch zur Lebensaufgabe werden soll: *Stoppt diesen Drachen Umweltvernichtung, treibt ihn in die Flucht, vernichtet ihn, sonst haben bereits eure Kindeskinder keine Zukunft mehr.*
Ich werde euch jetzt verraten, wie es sich mit euch verhalten hat: Wie Nikolaj euch bereits erzählt hat, wollten wir euch tatsächlich vor Gericht stellen und eventuell bestrafen, beispielsweise dadurch, daß wir euch vorläufig nicht wieder vergrößerten. Aber ich habe inzwischen empfohlen, diesen Plan zu verwerfen und euch stattdessen, was mir viel nützlicher erschien, diesen wichtigen Auftrag mit auf den Weg zu geben. Wir hatten auf Grund der von Nikolaj übermittelten Reiseberichte Vertrauen zu euch gefaßt, das vereinfachte die Sache. Mirko muß das schon geahnt haben. Erinnert ihr euch noch, daß er sagte: IHR GEHT NACH SIBIRIEN, UM ZU ERFAHREN, WESHALB WIR EUCH EIGENTLICH GERUFEN HABEN!
So wie es Mirkos Aufgabe war, euch nach Lappland zu holen, und Nikolaj euch zum Jenissei bringen sollte, so obliegt es mir als ältestem Heinzelmännchen der Welt, euch folgende Pflicht aufzuerlegen: Mäßigt das Wachstum der Weltbevölkerung, nicht durch Mord, sondern durch Maßnahmen am Ursprung. Schränkt den hemmungslosen Konsumbedarf der verwöhnten Menschheit ein. Setzt in die Praxis um, was ihr hier bei uns Heinzelmännchen gesehen habt. Dies ist die Botschaft der Heinzelmännchen an euch Menschen und eure letzte Prüfung!«
»Geht jetzt«, sagte der Sandmann, als die Nacht sich dem Ende zuneigte, »schlaft in meinem Hause den Schlaf der Gerechten, zieht aber danach in die weite Welt, um den siebenköpfigen Drachen zu vernichten. Laßt euch keinen Sand mehr in die Augen streuen. Der Weg, auf dem die Menschheit sich befindet, führt unweigerlich in den Abgrund. Kehrt um! Bekehrt euch!«
Nach diesen glühenden Worten sagte er unvermittelt und herzlich: »Slitzweitz; ich wünsche euch alles Gute!«

Die Heimreise

Als wir aufwachten, hatten wir vierundzwanzig Stunden geschlafen, denn es war Morgen. Wir befanden uns in einem kleinen, aus Holz gezimmerten Raum, und zwar in der Gegenwart. In einer Ecke brannte ein kleiner Ofen. Wir lagen nackt auf unseren alten Kleidern, und unsere Wintermäntel von der Hinreise waren als Decken über uns gelegt. Wir standen auf und zogen uns an. Wer uns wieder vergrößert hatte, wußten wir nicht, aber wir mußten zuvor hierhergebracht worden sein. Draußen dämmerte das erste Tageslicht, doch der Wald, in dem wir uns befanden, kam uns nicht bekannt vor. Es war ganz ungewohnt, den Fußboden so tief unter uns zu sehen, und unwillkürlich griffen wir auf unseren bloßen Kopf, wo jetzt die Zipfelmütze fehlte. In einer Ecke standen unsere Koffer, und darauf lag ein Zettel:

»Folgt der Sonne bis heute mittag ein Uhr. Dann werdet ihr am Jenissei ein Dorf liegen sehen. Das Eis trägt noch. Gebraucht eure Heinzelmännchenkenntnisse, um Rissen aus dem Wege zu gehen. Wenn ihr das andere Ufer erreicht habt, ist das fünfte Haus links eure vorläufige Station. Lebt wohl! Nikolaj.«

In unseren Koffern fehlte nichts. In einem der beiden war das von uns geschriebene, ebenfalls vergrößerte Buch verstaut. Auch unsere nicht vergrößerte Polarkleidung und unsere alten Zipfelmützen fanden wir ordentlich zusammen-

gelegt wieder, und daneben lag ein kleines Päckchen Rubelscheine. Wir waren verwirrt, und uns war schwer ums Herz. Dies war unwiderruflich das Ende des engsten Kontaktes, den Menschen je mit Heinzelmännchen gehabt hatten.
Es ließ sich nicht ändern, wir mußten uns auf den Weg machen. Wir verließen die Hütte und machten die Tür hinter uns zu. Die ersten Strahlen der aufgehenden Sonne erschienen zögernd zwischen den Baumstämmen. Wie Nikolaj uns vom Krankenbett aus vorgeschrieben hatte, richteten wir uns nach der Sonne. Unwillkürlich verlangsamten wir anfangs immer wieder den Schritt, da unsere Augen jetzt so weit über dem Boden waren, daß wir kleine

Nikolaj hatte für alles gesorgt: Kleidung, Koffer, Verwandlung. Sogar unsere Armbanduhren waren aufgezogen, gaben die richtige Zeit an. Nikolaj mußte gewußt haben, daß am nächsten Tag die Sonne scheinen würde, so daß wir ihr folgen konnten.
Nach einer Stunde stießen wir auf die Spuren wildlebender Ponys. Da sie ungefähr die gleiche Richtung hatten wie wir, folgten wir ihnen. Aber schon bald bogen sie nach links ab, so daß wir die Ponys nicht mehr bitten konnten, uns ein Stück mitzunehmen.
Später entdeckten wir die Spur eines Elchbullen. Geräuschlos heranpirschend, gelang es uns, dicht in seine Nähe zu kommen, doch dann stürmte er los, ohne abzuwarten.

Hindernisse wie Gestrüpp oder Unebenheiten im Schnee nicht mehr aus nächster Nähe betrachten konnten. Auch neigten wir dazu, uns vor Ästen und Zweigen tief zu bücken, damit uns die Zipfelmütze nicht vom Kopf gerissen wurde.
Kaum hundert Meter von der Hütte entfernt stießen wir auf Waldarbeiter. Da wir uns auf Heinzelmännchenmanier mucksmäuschenstill hielten, sahen sie uns nicht und betraten lärmend die Hütte. Danach gingen wir weiter.
Der Wald, ein typischer lichter Taigawald, nahm kein Ende. Unser einziger Bezugspunkt war die Sonne, die wie eine anfangs rotglühende, dann allmählich verblassende Kugel durch die Baumkronen hindurch sichtbar blieb. Indem wir ihr folgten, gingen wir in einem weiten Bogen.

Tieftraurig begriffen wir, weshalb: Der enge Kontakt mit der lebendigen Natur, dessen wir uns wochenlang hatten erfreuen dürfen und der es uns ermöglicht hatte, so selbstverständlich mit allen Tieren zu kommunizieren, war unwiderruflich vorbei.
Ein Stück weiter ging der Wald in eine kleine Lichtung über. Auf der anderen Seite der Lichtung standen vier Rehe. Wenn wir noch Heinzelmännchen gewesen wären, hätten wir ohne weiteres hingehen können, um ihre ranken, braungrauen Gestalten aus nächster Nähe zu bewundern, jetzt aber machten sie sich mit großen Sprüngen davon. Wir gehörten wieder zur Gemeinschaft der gefürchteten Zweibeiner, von denen ihnen ja wahrhaftig genug Gefahren drohten.

Beim Tragen der Koffer durch den hier und da noch metertiefen Schnee wurden wir von unserem größeren Körpergewicht gehörig behindert. Wir waren zu lange gewohnt gewesen, niemals einzusinken. Aber auch den Verzögerungen hatte Nikolaj Rechnung getragen: Genau um ein Uhr hörte der Wald auf. Wir standen oben an einem langen Hang. Unter uns lag der breite zugefrorene Jenissei, von kahlen Büschen umgeben. Am anderen Ufer konnten wir ein Dorf erkennen. Als wir zum Fluß hinabgegangen waren und die Eisfläche betraten, sahen wir sogar Spuren von Autoreifen. Wir traten den Gang hinüber zum jenseitigen Ufer an. Dies also war der Jenissei, einer der gewaltigen sibirischen Flüsse, die in das ferne Polarmeer münden. Einst ein Paradies für Auerhähne, von denen die Ufer nur so wimmelten, die aber jetzt von Wilderern weitgehend ausgerottet waren. In der Tiefe unter dem Eis hausten vermutlich noch immer Unmengen Störe, Felchen, Äschen, Forellen und Hechte, wenn auch arg dezimiert von den abscheulichen Reihen messerscharfer Haken der nie rastenden Fischdiebe.

Als wir am anderen Ufer hochgeklettert waren, entdeckten wir ein Dorf mit vielen ärmlichen und einigen größeren Häusern. Wir begegneten einem Schlitten und einigen neugierig blickenden Leuten, die jedoch kein Wort sagten, und machten am fünften Haus halt. Etwas weiter entfernt stand ein Mann mit einer Uniformmütze, der uns argwöhnisch beobachtete. Das Haus war aus Holz und lag in einem tadellos gepflegten winterlichen Garten, umringt von einem Bretterzaun. Als wir näherkamen, öffnete sich die Tür um einen Spalt. Eine ältere Frau winkte uns, einzutreten.

Kaum waren wir bei ihr, da zog sie uns hastig herein und schloß die Tür wieder. Während wir auf dem Flur warteten, schaute sie durch ein Fenster auf der Vorderseite des Hauses nach dem Mann auf der Straße. Schließlich kam sie zurück und sagte in gebrochenem Deutsch, es sei alles in Ordnung. Sie ging uns voran in ein Zimmer im ersten und einzigen Obergeschoß, in dem zwei saubere Betten standen. Wir stellen unsere Koffer ab, machten uns mit Hilfe einer Schüssel Wasser und eines Stücks Seife ein wenig frisch und gingen wieder hinunter.
Unsere Gastgeberin hatte sich etwas beruhigt. Sie hieß Natascha Filipowna. Sie hatte eine vorzügliche Borschtsch-Suppe für uns bereitgestellt, mit Schwarzbrot und einem großen Glas Bier. Wir hatten einen Bärenhunger. Im Laufe des Gesprächs stellte sich heraus, daß auch hier alles von den Heinzelmännchen bis zum letzten Tüpfelchen geregelt worden war. Wir befanden uns an einem abgelegenen Rangiergleis der berühmten, vom Zaren Nikolaus II. begründeten

Transsibirischen Eisenbahn, die Moskau mit Wladiwostok verbindet und fast zehntausend Kilometer lang ist. Wir mußten vier Tage warten, bevor es vom Dorf aus bei Achinsk Anschluß an den Transsibirienexpreß gab, aber das war auch wirklich die einzige Unbequemlichkeit. Unsere Fahrkarten galten für die gesamte Rückfahrt, ebenfalls unsere Visa und Reisegenehmigungen, mit allen nötigen Stempeln. Die Heinzelmännchen hatten offenbar sogar in diesem Lande noch überall Freunde. Wir besaßen genug Rubel für die tagelange Eisenbahnfahrt. Allerdings gab Natascha uns zu verstehen, daß wir uns diese vier Tage nicht draußen blicken lassen dürften und sogar beim Schauen aus dem Fenster Vorsicht walten lassen sollten, um keine unnötigen Schwierigkeiten heraufzubeschwören. Unsere Pässe und handgeschriebenen Ausweise waren zwar in Ordnung, aber je weniger wir auf uns aufmerksam machten, desto besser.
So verbrachten wir vier Tage. Natascha sorgte für alles, und wir hatten es gut bei ihr. Ihr verstorbener Ehemann war Dolmetscher für deutsche Kriegsgefangene gewesen, von ihm hatte sie ein paar Worte Deutsch gelernt. Ihre fünf Kinder waren verheiratet und wohnten weit weg. In diesen vier Tagen beendeten wir in halb schwermütiger, halb erregter Stimmung unser ganzes Buch und beschlossen, es nach unserer Heimkehr dem Stalling-Verlag anzubieten. Wir hatten noch eine lange Bahnfahrt vor uns, und die letzten Worte des Sandmannes klangen uns noch in den Ohren. Wenn wir wieder daheim waren, mußten wir mit aller Kraft an die Erfüllung unseres Auftrages gehen. Unser Leben würde nach dieser Reise nie mehr so sein wie früher. Allmählich hatten wir uns wieder an unsere Körpergröße gewöhnt und bückten uns nicht mehr jedesmal, wenn wir durch eine Tür gingen, aber wir waren doch nach wie vor mit Herz und Seele Heinzelmännchen. Wir hatten zu ihnen gehört, und das war ein unvergeßliches Erlebnis, auch wenn wir bald wieder bei unseren Lieben sein würden, wo wir hingehörten.

Aber während der Arbeit an unserem Buch auf dem Zimmer im ersten Stock bei Natascha erwischten wir einander oft dabei, daß wir nach draußen starrten, auf die endlose Taiga und die Eismassen des mächtigen Jenissei in der Ferne, oder daß wir grübelnd unsere früheren Zipfelmützen auf der Spitze unseres hinter der Tischkante versteckten Zeigefingers spazieren führten, und dann waren Worte überflüssig.

An einem trüben, windstillen Tag mit einer Temperatur kurz über dem Gefrierpunkt stiegen wir in den Zug. Wir hatten nichts mehr von den Heinzelmännchen gehört, obwohl anzunehmen war, daß sie unser Tun und Treiben genauestens beobachteten.
Die Bäume der endlosen Taiga begannen vorüberzugleiten, und immer wieder wurden weite Durchblicke ins Innere frei. Es schien leer, aber wir wußten um die Bewohner des Waldes: Tiere, die uns vertraut waren – und Heinzelmännchen.
Und als wir ein letztes Mal den Blick aus dem Fenster auf den kleinen, weit hinter uns in Schnee und Nebel verschwindenden Bahnhof warfen, glaubten wir, in der Ferne einen winzigen roten Punkt zu erkennen, dessen dringliche drahtlose Botschaft wir deutlich vernehmen konnten, obwohl wir nun wieder ganz normale Menschen waren. Sie deckte sich mit Ciceros berühmtem Seufzer:

QUO USQUE TANDEM
(Wie lange noch?)

МОСКВА-ВЛАДИВОСТОК

1. AUFLAGE 1981

AUS DEM HOLLÄNDISCHEN ÜBERTRAGEN VON
ANNEKE LÜDERS-KNEGTMANS UND HANS JÜRGEN HANSEN
SATZ UND HANDSCHRIFT: DER SATZ-PARTNER,
WIEFELSTEDE-GRISTEDE
DRUCK UND BINDUNG: GERHARD STALLING AG, OLDENBURG
ISBN 3-7979-1710-4
PRINTED IN GERMANY